高校图书馆服务与阅读推广研究

翟 宁 著

北京工业大学出版社

图书在版编目（CIP）数据

高校图书馆服务与阅读推广研究 / 翟宁著 . — 北京：北京工业大学出版社，2019.11（2021.5 重印）
　　ISBN 978-7-5639-7034-6

　　Ⅰ . ①高… Ⅱ . ①翟… Ⅲ . ①院校图书馆－图书馆服务－研究 ②院校图书馆－读书活动－研究 Ⅳ . ① G258.6 ② G252.17

中国版本图书馆 CIP 数据核字（2019）第 237810 号

高校图书馆服务与阅读推广研究

著　　者：	翟　宁
责任编辑：	张　贤
封面设计：	点墨轩阁
出版发行：	北京工业大学出版社
	（北京市朝阳区平乐园 100 号　邮编：100124）
	010-67391722（传真）　bgdcbs@sina.com
经销单位：	全国各地新华书店
承印单位：	三河市明华印务有限公司
开　　本：	710 毫米 ×1000 毫米　1/16
印　　张：	12.25
字　　数：	245 千字
版　　次：	2019 年 11 月第 1 版
印　　次：	2021 年 5 月第 2 次印刷
标准书号：	ISBN 978-7-5639-7034-6
定　　价：	52.00 元

版权所有　翻印必究

（如发现印装质量问题，请寄本社发行部调换 010-67391106）

前 言

阅读是提升国民素质的重要途径，国民素质的提高是中华民族昂首挺立于世界的重要基石。图书馆是为广大学生提供各种读物和阅读氛围的场所，有丰富的文献资源作为物质保障，还具备充足的阅读场地供学生进行阅读，在阅读推广方面具有其他机构或组织无法比拟的先天优势。由于图书馆具有开展社会教育和开发智力资源的职能，因此做好阅读推广活动是高校图书馆义不容辞的责任，高校图书馆理应承担进行阅读推广的职责。

随着阅读媒介的数字化，数字阅读方式日益成为潮流。随着我国高校图书馆大量引进数字文献及数字文献点击量的日益增多，纸质文献的借阅量越来越少。更突出的问题是，当前很多大学生在阅读方面没有明确的目的性和系统性，大都是休闲式的随意阅读。因此，如何为大学生开展阅读推广以及服务工作成为高校图书馆的重要工作内容。

全书共九章。第一章为绪论，主要阐述了高校图书馆的发展历程、高校图书馆的性质与特点、高校图书馆的职能与组织机构以及现代高校图书馆的服务内容；第二章为现代图书馆的服务理念，主要阐述了服务理念与图书馆服务理念、现代图书馆服务理念的演变、现代图书馆服务理念的内容和现代图书馆服务理念的创新等内容；第三章为高校图书馆学科化服务，主要阐述了高校图书馆学科化服务概述、高校图书馆学科化服务开展的问题、高校图书馆学科化服务模式的构建和高校图书馆学科化服务加强的途径等内容；第四章为高校图书馆社会化服务，主要阐述了国内外高校图书馆社会化服务比较、高校图书馆参与社区公共文化服务、高校图书馆社会化服务的实现路径等内容；第五章为高校图书馆个性化服务，主要阐述了个性化服务的主要内容、图书馆心理学概述、读者心理学与图书馆读者服务、心理学在图书馆参考咨询服务工作中的运用和读者心理学在图书馆个性化服务工作中的运用等内容；第六章为高校图书馆的阅读推广，主要阐述了阅读推广理论概说、高校图书馆阅读推广的意义与方式以及协同背景下阅读推广体系的双向思考等内容；第七章为高校图书馆服务与阅读推广案例，主要阐述了高校图书馆服务创新实践案例和高校图书馆阅读推广实践案例等内容；第八章为高校图书馆馆员的素养构成与提升，主要阐述了高校图书馆馆员知识服务中的艺术、现代高校图书馆馆员的科研能力培养以及图书馆馆员从业心理调适与职业活力激发等内容；第九章为微阅读时代高校图书馆服务创新与阅读推广策略，主要阐述了微阅读时代高校学生的阅读现状、高校图书馆阅读推广中存在的问题、微阅读时代国内外图书馆阅读推广经验借鉴，以及微阅读时代高校图书馆阅读推广的服务模式和微阅读时代高校图书馆引导学生阅读行为的策略等内容。

  本书共九章约 20 万字，由西安工业大学图书馆翟宁撰写。为了确保研究内容的丰富性和多样性，笔者在写作过程中参考了大量理论与研究文献，在此向涉及的专家学者表示衷心的感谢。最后，由于作者水平有限，加之时间仓促，本书难免存在一些疏漏和不足之处，在此恳请同行专家和读者朋友批评指正！

目 录

第一章 绪 论 ·· 1
  第一节 高校图书馆的发展历程 ···································· 1
  第二节 高校图书馆的性质与特点 ···································· 6
  第三节 高校图书馆的职能与组织机构 ································ 8
  第四节 现代高校图书馆的服务内容 ·································· 15

第二章 现代图书馆的服务理念 ······································ 19
  第一节 服务理念与图书馆服务理念 ·································· 19
  第二节 现代图书馆服务理念的演变 ·································· 25
  第三节 现代图书馆服务理念的内容 ·································· 27
  第四节 现代图书馆服务理念的创新 ·································· 30

第三章 高校图书馆学科化服务 ······································ 39
  第一节 高校图书馆学科化服务概述 ·································· 39
  第二节 高校图书馆学科化服务开展的问题 ···························· 42
  第三节 高校图书馆学科化服务模式的构建 ···························· 46
  第四节 高校图书馆学科化服务的加强途径 ···························· 58

第四章 高校图书馆社会化服务 ······································ 61
  第一节 国内外高校图书馆社会化服务比较 ···························· 61
  第二节 高校图书馆参与社区公共文化服务 ···························· 69

第三节　高校图书馆社会化服务的实现路径 ················· 72

第五章　高校图书馆个性化服务 ································· 79
　　第一节　个性化服务的主要内容 ··························· 79
　　第二节　图书馆心理学概述 ······························· 80
　　第三节　读者心理学与图书馆读者服务 ····················· 88
　　第四节　心理学在图书馆参考咨询服务工作中的运用 ········· 89
　　第五节　读者心理学在图书馆个性化服务工作中的运用 ······· 93

第六章　高校图书馆的阅读推广 ································· 99
　　第一节　阅读推广理论概述 ······························· 99
　　第二节　高校图书馆阅读推广的意义与方式 ················ 109
　　第三节　协同背景下阅读推广体系的双向思考 ·············· 113

第七章　高校图书馆服务与阅读推广案例 ························ 119
　　第一节　高校图书馆服务创新实践案例 ···················· 119
　　第二节　高校图书馆阅读推广实践案例 ···················· 123

第八章　高校图书馆馆员的素养构成与提升 ······················ 141
　　第一节　高校图书馆馆员知识服务中的艺术 ················ 141
　　第二节　现代高校图书馆馆员的科研能力培养 ·············· 147
　　第三节　图书馆馆员从业心理调适与职业活力激发 ·········· 152

第九章　微阅读时代高校图书馆服务创新与阅读推广策略 ·········· 163
　　第一节　微阅读时代高校学生的阅读现状 ·················· 163
　　第二节　高校图书馆阅读推广中存在的问题研究 ············ 167
　　第三节　微阅读时代国内外图书馆阅读推广经验借鉴 ········ 169
　　第四节　微阅读时代高校图书馆阅读推广的服务模式 ········ 179
　　第五节　微阅读时代高校图书馆引导学生阅读行为的策略 ···· 185

参考文献 ·· 189

第一章 绪 论

高校图书馆是高等学校中为教学科研、服务的学术性、服务性机构,是高校的文献信息中心,是高校信息化和社会信息化的重要基地,是高校保障教学、科研和社会服务正常运行不可或缺的组成部分。高校图书馆在高等学校中处于重要地位,高校图书馆馆藏总量和服务质量一直被视为大学办学水平和办学条件的三大标志之一。本章主要分为高校图书馆的发展历程、高校图书馆的性质与特点、高校图书馆的职能与组织机构以及现代高校图书馆的服务内容四个部分,主要包括高校图书馆的产生、高校图书馆的性质、高校图书馆的特点、高校图书馆的机构设置、高校图书馆的职能等内容。

第一节 高校图书馆的发展历程

一、高校图书馆的产生

(一)国外高校图书馆的兴起

世界上最早的大学图书馆(高校图书馆)出现在英国。在 14 世纪时,牛津、剑桥、圣安久等大学的各学院陆续建立起图书馆。在德国,17 世纪出现了大学图书馆,其中最杰出的是哥廷根大学图书馆,它制订了采购与编目计划,这使它成为现代研究图书馆工作的模式。另外,建立于 1831 年的柏林洪堡大学图书馆是颇具特色的德国大学图书馆,19 世纪末,它成为北美大学图书馆的样板。美国的大学图书馆直到 19 世纪后期才崭露头角,到 20 世纪中叶,形成自己国家的风格。20 世纪 30 年代早期,美国研究图书馆协会成立,其成员限于美国大学协会的成员。在苏联,从 1917 年十月革命后建设和发展了图书馆,形成了庞大的图书馆系统与网络,在世界图书馆事业中占据举足轻重的地位。

1940年，莫斯科的国立罗蒙诺索夫大学已有四百万册藏书，国立列宁格勒大学有二百万册藏书。

（二）我国高校图书馆的兴起

我国的高等学校和高等学校图书馆诞生于近代。我国古代的书院藏书楼与近代高等学校图书馆有着密切的传承关系，清末的维新运动不仅推动了这一传承的进程，还大大丰富了这一传承的内容。为弥补学校教育的不足并使之发挥出最大的效能，有识之士便仿照我国古代书院中设置藏书楼的办法，进行将新式学校教育与新式图书馆教育结合起来的尝试。于是，在清末新设立的学堂里就出现了名为"藏书楼"和"图书院"的图书馆。教学实践证明，师生都能从本校附设的图书馆中受益，这就使人们认识到在各类各级学校里设立图书馆，是学校教育与图书馆教育两种教学的最佳互补方式。1898年北京大学成立，1902年设藏书楼，即北大图书馆前身。1911年清华学堂图书馆创办，以后发展成清华大学图书馆。

中国近代大学的建立也推动了高校图书馆的建立。中国图书馆事业近代化思想来自欧美。20世纪20年代末，中国古代图书馆即藏书楼开始向近代图书馆演变，效果显著。从此，学校中设立图书馆便蔚然成风，并在清末和民国时期以政府法令的形式固定下来，沿袭至今。事实证明，前人对在学校中设立图书馆的认识是正确的，而随着社会的进步和图书馆业务的发展，这种认识还在不断地深化。

二、西方发达国家的图书馆事业及其高校图书馆的发展

（一）20世纪四五十年代

这一阶段是西方发达国家图书馆事业现代化的进步阶段。第二次世界大战以后，世界形势发生了巨大变化，科学技术有了新的突破性进展。1946年第一代电子计算机诞生于美国，1954年第一台计算机应用于图书馆，带来了信息的自动化。信息论、控制论、系统论等横向学科相继问世，为图书馆学研究提供了理论依据和方法。

（二）20世纪六七十年代

这一阶段是西方发达国家图书馆事业现代化的快速发展阶段。随着世界性的经济繁荣，发达国家图书馆事业进入了持续二十年的大踏步前进时期。在这个阶段，发达国家图书馆事业发展取得以下四个方面的成就：一是学术流派逐

步形成，观点纷呈，但又互补共生；二是新技术普遍运用于图书馆界，照相复制和缩微复制品、计算机和数据、传真发送和数据通信等，极大地改变了传统图书情报存储和检索系统结构，改进了服务工作的手段与方式；三是图书情报界的交流与合作日益广泛和普遍，并赋予图书馆发展以广泛的国际性，在一些重大的技术问题上达成了具有全球性的协议，如编目条例、国际标准书号、国际机读目录等；四是图书馆工作法律化、制度化、标准化，各国图书馆法规和条例纷纷公布实施。

（三）20世纪80年代以后

这一阶段世界性的经济衰退使图书馆事业从过去连续二十年的明显增长中衰退下来，尽管如此，发达国家图书馆事业仍有很大的发展。其中高校图书馆发展最快，成就主要有以下几方面：一是新技术在图书馆界得到普及与应用，80年代初，美国90%以上的大学图书馆已完成本馆计算机管理集成系统的建设，实现编目、流通一体化；二是由于电子信息产业的迅速发展，出现了信息爆炸，出版物猛增，图书馆开始利用计算机等新技术来控制书目，美国国会图书馆于1981年停止使用目录卡片，改用联机检索；三是图书馆的情报职能日益突出，信息开发和咨询业等信息产业逐步兴起，图书馆情报网络日益扩大。

（四）二十世纪90年代以后

这一阶段计算机技术、通信技术和存储记录技术成为当代信息技术的三大决定性领域。在新技术的支持下，发达国家的高校图书馆有了日新月异的进步，主要表现在：第一，高校图书馆的数量和规模有一定程度的增长和扩大；第二，图书馆工作计算机化，在图书的采选、编目、借阅、流通阅览、信息用户服务以及行政后勤工作等方面形成一套完整的图书馆计算机管理系统；第三，图书馆部分馆藏电子化，随着电子计算机的发展和普及，电子出版物作为一种新的知识和信息载体在信息交流中的地位越来越重要。电子出版物包括电子图书、电子连续出版物、电子版的书目数据、计算机软件等，它具有轻便化、网络化、智能化的特点。因此发达国家图书馆在馆藏建设方面，不只注重收集纸质文献资料，还注重收集有研究价值的各种载体的信息资源。文献内容信息的深层次开发、整理和传递也越来越受到重视。此外，数字图书馆建设有了很大发展。自1993年起，英国国家图书馆首先提出"存取创新"计划发展数字化图书馆；此后，美国科学基金会推出了"数字图书馆创新"计划。1995年，西方七国的国家图书馆组成G7数字图书馆联盟。目前法国国家图书馆已成为世界上最大的数字资源所在地。

发达国家高校图书馆经过一百多年的发展，已经达到了较高的水平。高校图书馆现阶段已广泛应用了自动化、数字化、网络化技术。文献资源种类齐全，馆藏丰富，馆藏布局合理。服务对象较为广泛，开放时间长，服务项目比较齐全。图书馆工作人员整体素质高，服务意识强，服务水平比较高。

发达国家图书馆事业整体发展水平很高，因而其高校图书馆发展水平也相应很高。分析发达国家高校图书馆的宏观环境可以发现，这些国家一般通过制定图书馆法来保障图书馆生存的合法性和连续性。另外，这些国家大多都建立了全国性的图书馆专业机构。这些全国性的专业机构大多通过立法和利益驱动进行全国性和地方性的合作协调工作，节省了大量的人力、物力、财力资源，避免了文献资源的重复引进和加工，发挥了规模效益，从整体上提高了全国各类型图书馆的水平。当然还有其他方面的因素，如强大的经济实力、先进的现代化技术、较高的国民法制和道德水平，以及图书馆内部先进的图书馆管理理念和管理体制等，有力地提升了这些国家的图书馆水平。

三、中国图书馆事业及高校图书馆的发展历史和现状

（一）1949 年之前的高校图书馆

1930 年，中国的公共图书馆达到 2068 所，学校图书馆达到 654 所。图书馆界人士在借鉴美国和日本的图书馆建设理念后创立了"中国图书馆学"，并开始创办图书馆教育和图书馆知识普及课程。到 1936 年，高校图书馆在馆舍建筑、馆员素质、藏书和管理水平方面都有很大程度的提高。抗战期间中国图书馆事业受到破坏；抗战胜利后，高校图书馆得到恢复，但高校之间的图书馆发展不平衡。

1949 年到 1957 年，是中国图书馆事业健康发展、稳步前进的阶段。在这一阶段，高校图书馆的藏书类型得到调整、规章制度得到健全，图书馆工作内容得到开拓，高校图书馆开始快速发展。

（二）1949 年至 20 世纪 80 年代的高校图书馆

1958 年到 1965 年，是中国图书馆事业波浪式发展的阶段。前期由于受"左"的思潮的影响，图书馆的发展遭遇了挫折。1962 年之后，在"调整、充实、巩固、提高"方针的指导下，图书馆开始进行内部调整，其事业得到了发展。从 1966 年到 1976 年，中国图书馆事业遭到严重破坏，图书馆管理混乱，不能正常工作。

(三) 20 世纪 80 年代以来的高校图书馆

自 20 世纪 80 年代以来，中国图书馆事业有了新的发展。高校图书馆的信息用户服务项目不断增加，服务水平也在很大程度上得到了提高，对资金、人力和物力的管理更加科学，工作人员的结构比例得到优化，图书馆的设备得到了完善。图书馆的自动化、网络化和数字化水平得到了很大的提高。

1981 年，国家教委（原教育部）成立了"全国高等学校图书馆工作委员会"（1987 年改称"全国高等学校图书情报工作委员会"，简称"高校图工委"）。高校图工委主要负责对高校的图书情报工作进行协调，并对其业务进行指导。1981 年后，各省、自治区、直辖市的地区图工委纷纷建立，这在很大程度上推动了高校图书情报事业的发展。1987 年，"教材和图书情报管理办公室"成立，主要负责高校图书情报机构的管理工作。1988 年，全国高校图书馆现代化技术委员会成立后，高校图书馆自动化系统由力量分散、技术分散、数据资源分散的局面，向标准化、集成化、协调化、组织化方向发展。

1995 年，中国教育科研网开通，高校图书馆的自动化发展也随之进入新的历史时期。在中国教育科研网的支持下，一些高校图书馆接入互联网；同时，还有一批高校建立了校园网，图书馆成为校园网的一个重要节点。从 1996 年初开始，中国开始进行数字图书馆项目研究和开发，中国重点高校如北京大学、清华大学的图书馆都积极参与这些项目的研究。

现阶段，中国高校图书馆与发达国家高校图书馆的差距还比较大。不同的高校图书馆处在由传统图书馆向数字化图书馆转型的不同阶段，即图书馆处于"印刷型信息和数字化信息之间的平衡逐渐朝数字化方向倾斜"的混合式图书馆阶段。大多数高校图书馆文献资源类型不全、质量不高，服务项目比较欠缺，图书馆工作人员整体水平比较低、服务意识不强、工作积极性不高、服务水平比较低。

产生这些问题的原因归结起来有三点：第一，图书馆事业的法律保障不足，国家教委颁布的《普通高等学校图书馆规程（修订版）》也缺乏法律的强制性，难以保障高校图书馆生存的合法性和连续性；第二，中国图书馆事业结构不合理；第三，缺乏全国性图书馆学会的强有力的协调作用，中国也有全国性图书馆学会，但是因为没有法律效力和行政效力，其协调作用非常有限。

从中国现实来看，高校管理体制（高校图书馆的上级主管部门的管理体制）和高校图书馆内部管理体制是导致高校图书馆的效率和效益比较低的直接原因。中国高校管理体制属于集中型管理体制，高校图书馆的管理体制属于学院主管部门领导的高度集中型管理体制。这种管理体制很难调动图书馆领导以

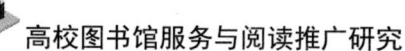

及馆员的积极性，所以导致图书馆的效能、效率和效益比较低。近年来，高校为了应对日益激烈的外部竞争，积极进行改革并通过聘任制来选用人员，从制度建设上提升学校的竞争力。

第二节　高校图书馆的性质与特点

一、高校图书馆的性质

（一）服务性

高校图书馆的藏书更注重所在高校开设的专业和学科的知识，藏书的功能是为在校教职员工和学生提供知识，这与餐饮、商店等服务部门的服务有着本质的不同。

高校图书馆属于科学文化意识形态领域的服务部门，主要通过文献传递体现其服务性，通过社会效益表现其服务成果。高校图书馆的服务性质决定了其对工作人员的要求。高校图书馆要求其工作人员掌握一定的科学文化知识和图书馆业务知识，熟悉图书馆的馆藏体系，了解本校教职员工和在校学生的借阅规律。

（二）学术性

高校图书馆的学术性主要体现在图书馆工作自身的学术性和图书馆工作属于教学和科研的前期劳动这两方面。

1. 高校图书馆工作自身的学术性

图书馆的工作包括图书采购、图书分类、图书编目、图书的组织保管、图书的流通阅览、图书的参考咨询等，这些工作都有学术性要求。当今社会的信息发展速度非常快，图书馆的工作不免会受到科技的影响，将现代科技应用到图书馆工作中是图书馆工作的新内容。

2. 图书馆工作是教学和科研的前期劳动

图书馆工作能够为学校的教学质量和科研能力提供保障。在高校中，科研工作和教学工作属于社会劳动，有连续性和继承性的特点。高校教师和科研工作者在进行教学活动和科研活动前都需要收集资料、调查研究，分析所研究问题当前的研究水平和以后的研究趋势，从而确保教学质量以及在前人的研究基础上进行研究。高校图书馆和情报部门保存了大量的科研文献，是文献调研活动的主要承担者。

（三）教育性

图书馆是教育性机构，它将图书文献作为手段，将提高读者的文化知识水平和情报意识作为目的。高校图书馆的教育性主要包括两个方面，一方面是为读者提供思想政治教育；另一方面是为读者提供科学文化教育。高校图书馆是思想政治教育的重要阵地，它通过文献资料向读者进行思想政治宣传，培养读者的爱国情感、为人民服务思想和道德情操。

高校图书馆能够为读者提供大量的科学文化知识。高校图书馆还具有传播科学文化知识、对读者进行科学文化教育的作用。高校图书馆通过大量的馆藏资料向读者提供文献资料，从而提高读者的文化水平。

同时，高校图书馆还是培养学生自学能力的场所。高校图书馆中的文献资料和工具书为大学生提供了良好的学习条件，大学生可以针对自己在学习过程中遇到的问题，借助图书馆的馆藏资料进行解决。高校图书馆为学生提供的教育属于综合性素质教育，能够为学校的教学活动提供补充。

二、高校图书馆的特点

（一）理论性

理论性是现代图书馆管理的一个重要特点。传统图书馆的管理一般不重视理论，不重视理论、不学习、不借鉴会导致观念陈旧，管理水平停滞不前。实践活动需要先进的理论作指导，否则将不能取得良好的效果。图书管理是一门科学，需要重视其理论性。

（二）前沿性

进行图书管理需要对现代管理理论紧密关注、对其进行研究，看看还有哪些新理论能够移植到管理中，以切实提高管理水平，如知识管理之类。特别需要注意的是，关注图书管理理论的前沿性不是盲目地顺从其发展，应切实深入其中，弄清弄懂，这才是科学的态度。

（三）实践性

现代管理理论的实践性很强，在现代图书管理中借鉴、导入现代管理理论的目的是提高图书馆管理水平。因此，不仅要借鉴现代管理理论及其体系，还需要学习现代管理理论的方法和手段，使其能够实际操作。只有如此，才能使现代管理理论在图书管理中焕发生命力。

第三节 高校图书馆的职能与组织机构

一、高校图书馆的职能

高校图书馆的职能向多样性发展，随着科学技术和社会文化的发展，图书馆各职能之间的侧重会有所变化，时期、地区、类型等因素对图书馆各职能的影响也比较明显。1978年版的《美国百科全书》提到图书馆的职能为收集、整理和提供资料。其中，收集指的是对承载信息、知识的物质载体进行选择、集聚，并以购买、受赠等方式解决与之对应的权属关系，使得图书馆拥有其所有、使用或控制等相关权利；整理，亦称整序，是指对知识、信息在载体层面上进行加工、存储、转化以及在内容层面上进行著录、揭示；提供指的是基于收集和整理的资料向图书馆用户提供信息及知识服务。这三项职能被称为图书馆的基本职能，是由图书馆的本质属性决定的，体现了图书馆的本质属性。

除了收集、整理和提供资料三种基本职能外，图书馆还有多种社会职能。基本职能是任何图书馆都应该具有的职能，是图书馆区别于其他社会组织和机构的特征与标志。社会职能以基本职能为基础，是基本职能在具体社会发展阶段的呈现形式，是基本职能的扩展和延伸，与基本职能相辅相成、密不可分。国际图书馆协会联合会在1975年召开的图书馆职能研讨会上，提出了保存人类文化遗产、开展社会教育、传递科学情报、开发智力资源四种图书馆社会职能。图书馆产生的重要动因之一即保存人类文化遗产，保存人类文化遗产也是图书馆履行收集和整理职能的必然结果，同时也为人类文明的发展与传承做出了重要贡献，使得每一代人可以基于前人的经验和成就继续探索与实践，将人类文明推向更高水平。社会教育职能主要体现在图书馆以自身的馆藏资源向用户提供信息资源服务，用户基于图书馆所提供的信息资源服务进行知识学习，实现自身知识体系和能力体系的重构，从而提升自身的知识和能力水平，实现自我教育与提升。传递科学情报职能主要体现为图书馆根据用户的具体需求，基于所收集的大量信息资源，利用专业的方法和工具，向用户提供定题、定向、情报跟踪、知识发现等服务，是图书馆面向科研、教学、社会其他活动提供的主动信息服务。开发智力资源职能主要体现在图书馆对馆藏信息资源的进一步开发和揭示上，以便更加充分地挖掘信息资源的价值。

上述基本职能和社会职能的划分是对图书馆职能的传统理解。近年来，随着社会的不断进步和信息技术的迅猛发展，图书馆发展的外部环境与内部动力都发生了显著的变化，图书馆的职能也随之有了深刻的调整，图书馆的一些传统职能日渐式微，另外一些职能不断强化，甚至又出现了一些新的职能。图书馆现在已经不仅仅是一个藏书、借阅的信息资源中心，还是一个知识中心、学习中心和文化中心。而且其作为信息资源中心的传统职能尽管仍是核心职能，但已经有所弱化，而作为知识中心、学习中心和文化中心的职能却有不同程度的发展。

（一）信息资源中心职能

信息资源中心职能是图书馆的核心职能也是基础职能。从传统的图书、期刊、报纸等纸质文献，到现在以各种主题、类型的数据库为代表的数字资源，图书馆通过各种渠道收集了大量各种类型、各种形式的信息资源，并基于一定的规范标准，对收集到的信息资源进行加工、整理、揭示，进而形成一个系统的信息资源体系，成为重要的信息资源中心。信息资源是图书馆生存与发展的基础，是实现其他职能的重要保障。随着互联网尤其是移动互联网的发展，人们获取信息的渠道逐渐多样化，图书馆作为信息资源中心的传统职能有弱化的迹象。尽管如此，图书馆作为重要的信息资源中心，除了传统的信息资源之外，在特色信息资源、原生数字馆藏、机构知识库、古籍收藏与保护等领域仍有很大的发展潜力。

（二）学习中心职能

图书馆作为学习中心的职能主要体现在以下三个方面：一是图书馆为用户提供学习资源，这些学习资源既包括图书、期刊等纸质文献，也包括各种与学习相关的数据库、学习视频等数字资源，还包括图书馆定期或者不定期举办的各种学习类讲座，用户可以基于图书馆拥有或整合的信息资源进行相关知识的学习；二是图书馆为用户提供学习的空间，这些空间既包括大部分图书馆，尤其是高校图书馆内设置的专门自修室，也包括图书馆各区域设置的临时性阅读学习座位；三是图书馆提供的信息素养教育，通过信息素养教育，不仅能让用户知道如何通过图书馆、互联网或者其他渠道高效地获取自己需要的信息资源，而且能够使用户通过确定信息、检索信息、获取信息、评价信息、管理信息、应用信息来解决自己所遇到的问题，并在解决问题的过程中实现自身知识体系与能力体系的重构与提升。

（三）知识中心职能

图书馆除了拥有丰富的信息资源之外，还有基于这些信息资源提供针对性

信息服务的能力。通过对相关信息的组织与揭示，为特定用户提供具体的知识服务，满足用户的需求。学科服务、课题咨询、科技查询、引用及收藏查询、专利相关服务、竞争情报、科研统计与分析、科研动态跟踪、决策支持、科研工具应用指南等相关业务，都可以被视为图书馆知识中心职能的具体体现。近年来，相关学者提出的图书馆智库本质上也属于知识中心职能的范畴。

（四）文化中心职能

无论是公共图书馆还是高校图书馆，已经成为社会重要的文化中心。2017年11月4日，第十二届全国人民代表大会常务委员会第三十次会议通过并于2018年1月1日实施的《中华人民共和国公共图书馆法》中明确指出："公共图书馆是社会主义公共文化服务体系的重要组成部分……应当坚持社会主义先进文化前进方向……传承发展中华优秀传统文化，继承革命文化，发展社会主义先进文化。"由此可以看出公共图书馆在公共文化体系中的重要作用，文化中心职能是公共图书馆的重要职能。高校图书馆不仅是校园文化的重要组成部分，而且其影响不断向社会渗透与辐射，逐步成为整个社会公共文化体系的一个组成部分。图书馆的文化中心职能主要体现在三个方面：一是通过馆藏和文化讲座的形式传承与发展优秀文化；二是传播科学文化；三是组织相关文化活动。

二、图书馆组织机构

（一）图书馆组织机构概述

图书馆行政管理是有组织的管理活动，行政组织是图书馆行政管理的主体，图书馆专职活动都是靠行政组织机构来执行的。因此，行政管理需要将高效的行政组织作为依托。图书馆行政组织对图书馆的行政管理效率有决定作用。

1. 图书馆行政组织

组织是指为实现某种目标，人们按照特定的方式结合而成的整体。在静态方面，组织作为一个实体是由若干个部分组成的；在动态方面，组织是在特定的环境中，为实现目标，将若干个部分根据特定的方式组合起来的过程。

行政组织的含义有广义和狭义两种。广义的行政组织是指有行政管理功能的组织机构；狭义的行政组织指政府部门中的行政执行部门。图书馆行政组织一般被认为是有执行、指挥、协调和控制等行政管理功能的组织机构。

2. 图书馆行政组织的特点

(1) 政策性

图书馆是文化事业的一部分,图书馆的行政组织在工作过程中要以国家的方针政策为指导,积极发挥其文化功能和思想政治引导功能。

(2) 服务性

图书馆行政组织的基本属性是服务性。图书馆的行政组织要积极推动图书馆的发展,切实执行图书馆的发展目标,为图书馆的发展保驾护航,不断提高自身服务水平,为读者提供高质量的服务。

(3) 适用性

所有组织都有自己的适用范围。图书馆行政组织的发展会受到图书馆的建制、发展目标的制约。图书馆的行政组织及其实践是一个整体,图书馆行政组织的建立要与图书馆的发展变化相适应。

(4) 整体性

图书馆行政组织作为一个系统要做到有序。图书馆要将其管理职能和管理程序划分为不同的层次和部分,设置与之对应的组织机构。行政组织要组合成有机整体才能充分发挥作用。因此,高校图书馆行政组织要具有整体性,从而更好地发挥作用。

(二) 图书馆组织构成要素

行政组织要将人、财、物和信息组合起来,从而使其发挥功能,实现目标。图书馆行政组织的组成要素多种多样,包括物力、财力等因素,还有目标要素、结构要素和权力要素等,要对其进行优化,从而使图书馆行政组织更加高效。图书馆行政组织要素一般有以下几种。

1. 物质要素

物质要素通常指图书馆行政组织的人、财、物等。图书馆行政组织将工作人员作为最基本的要素。同时,图书馆行政组织的工作人员也是其首位要素。在实现图书馆行政组织目标和发挥行政组织的功能方面,行政组织工作人员的影响非常大。此外,建立组织还需要一定的物资和经费来保证组织的正常运行。

2. 目标要素

建立组织的目的是实现人们的目标,组织的存在以组织目标为基础。图书馆行政组织目的的合理性由这个目标是否符合社会需求、能否促进图书馆的发展、图书馆行政组织自身的能力是否与这个目标相适应决定。在实现目标的过程中,图书馆行政组织的价值会得到实现。

3. 结构要素

图书馆行政组织以其结构要素为框架。图书馆行政组织的结构要素是图书馆中各个组织之间的关系的运用。人员要素是图书馆行政组织的基本要素，但人员之间是相互联系、相互作用的。图书馆行政组织功能的实现需要由行政机构来实现。行政组织机构的合理性对于行政效率有决定作用。

4. 权力要素

在图书馆行政组织中确立权力关系是其行政组织构建的核心内容。在图书馆行政组织的发展过程中，工作会逐渐细化，权力也会逐渐分解。组织中层层授权的直接结果，是在组织内部形成特定的权力体系及最基本的管理秩序。

因此，图书馆行政组织是一个权责系统，要对其权力和责任进行合理划分。合理的权力和责任划分会为行政组织增添活力，维持其正常运转。

（三）图书馆行政组织体系

1. 图书馆行政组织目标体系

行政组织目标是指行政组织要实现的目的、要获得的成效或应完成的任务。图书馆行政组织在确定其目标时要考虑图书馆的发展规划。图书馆行政组织目标是否明确决定了图书馆部门的设立和发展的规模。设置图书馆行政组织机构时要将其行政组织目标作为依据。

图书馆行政组织目标会限制其活动的发展。在图书馆行政组织的工作过程中要及时调整目标，否则将会造成工作损失，阻碍图书馆的发展。组织目标也是考核图书馆行政组织工作的标准。

图书馆行政组织目标是总体目标，通常概括性较强。在建设图书馆行政组织的过程中要不断分解目标，形成目标体系。行政组织目标分解是由粗略到精细的过程。目标分解一般有三个步骤：第一步是确立总目标，第二步是设立部门目标，第三步是设置工作目标。其中，总目标也叫作组织职能目标，确立总目标是目标分解的出发点；设立部门目标是根据总目标的内容将其分解为组织内部的部门目标；设置工作目标是按照一定的标准将部门目标分解为可实际操作的工作目标。

2. 图书馆行政组织结构体系

科学合理的组织机构能够使图书馆行政组织中的人力、物力和财力充分发挥自身的作用，从而提高行政效率；反之，行政组织内部则会出现内耗，不利于行政组织的发展。

（1）图书馆行政组织的纵向结构

任何组织都会有纵向的层次或等级，图书馆行政组织也不例外。图书馆行政组织在纵向上分为几个层级，每个层级还可以分为几个层次。上下层次之间会呈现出领导和服从的纵向关系。

通常情况下，图书馆行政组织的管理层次分为上、中、下三个层次。其中，上层层次一般起到决策指挥、协调监督的作用，人员较少；下层层次则偏向于执行和实施决策，人员较多。

（2）图书馆行政组织的横向结构

行政组织的横向结构也叫作横向分化，是指组织中的同一层级按职能分为若干部门，管理学上称为职能式结构。图书馆行政组织的横向分化通常是按照一定的方式将各个层级分成几个部门，再将复杂的工作项目归到一定的部门之中并明确其工作职责和工作范围。

图书馆横向结构中的几个部门是平等的关系，各个部门共同协作。各部门分工合作能够促进图书馆行政组织目标的实现。图书馆行政组织横向结构有多种多样的划分方式，可以根据不同的标准对其进行划分。

不同图书馆的部门设置各不相同，横向结构存在一定的缺点。在做横向划分时一般依据不同的标准，由此可能出现服务职能交叉的问题，从而给读者带来不便。因此，图书馆行政组织要对各个部门的职能进行协调，充分调动各部门的积极性，同时提倡团队协作精神。

（3）图书馆行政组织纵向、横向结构相统一

纵向型行政组织和横向型行政组织都存在不足之处。因此，高校图书馆行政组织形式通常采用两者的结合体，形成网络型的直线职能式结构。这种结构以统一指挥和各部门相互配合为主要特征。网络型的结构能够使两种结构的优缺点相互补充，使图书馆行政组织纵向分层、横向分块，形成纵横交错的网络型体系。

3. 图书馆行政组织职权体系

社会组织的职权体系象征着组织最为基本的管理秩序。形成组织职权关系的基础是适度分权。组织职权关系是行政组织的组成部分，通过组织结构体系表现出来。组织的职权关系不是一种简单关系，组织结构模式会随着职权关系的变化而变化。图书馆行政组织中的职位有与其相对应的职权和职责，确定职位的指挥和服从关系能够确定基本的管理秩序。最常见的图书馆行政组织职权体系是直线职能式。

确立图书馆行政组织职权体系时要分析管理幅度，对管理幅度进行考虑。管理幅度有一定的限度和弹性，管理幅度的确定会影响管理层次的水平、领导者的能力、工作人员的素质和管理业务的难易。如果确定了行政组织工作人员和工作职位，管理幅度和管理层次之间的关系是反相关关系，即管理幅度越大，管理层次越少，组织结构为扁金字塔形；反之，管理幅度越小，管理层次则越多，组织结构为高金字塔形。

组织结构的功能会随着组织结构形态的不同而发生变化。高金字塔形的组织结构有权力更加集中的特点，领导和控制更加容易，但存在管理层次多的问题。各个层次沟通比较复杂，这种结构会提高管理费用，降低管理效率。扁金字塔形的组织机构层次较少，控制较少，分权较多，这种组织结构能够充分调动各个部门的工作积极性，但组织结构松散，监督控制较为困难。

高校图书馆组织机构要坚持改革，合并相似的部门，简政放权。例如，西昌学院图书馆就将采编部和技术部两个业务部门合并成图书馆文献与现代信息建设部。由于各馆情况不同，因此，各个图书馆要根据自身的规模确定组织结构。

三、高校图书馆的机构设置

图书馆组织机构是图书馆内部工作的有机结合，是各部门的总和。图书馆的机构设置在图书馆管理工作中占有重要地位。通常情况下，高校图书馆的机构设置要考虑图书馆的工作性质等因素。图书馆机构设置会随着图书馆的发展而变化。无论如何，科学合理的机构设置对图书馆的运行有决定作用。因此，设置图书馆机构能够促进图书馆发展目标的实现。

图书馆通常会设置的机构分别为：①图书馆的领导机构是馆长室。通常实行馆长负责制，图书馆的正副馆长主持图书馆的日常工作；②图书馆的行政机构设有办公室。设行政干部，负责图书馆日常工作、人事和档案管理；③图书馆的业务机构设有采编部、流通部、期刊部、阅览部、信息技术部，全面负责各种类型文献的采集、馆藏的组织、读者服务、自动化和网络化管理与建设等全部业务工作。高校图书馆在设置机构时要坚持面向读者、有利于开展工作的原则。由于高校图书馆的硬件设施不同，高校图书馆的机构设置也会有区别，但大体相同。高校图书馆机构设置要以提高工作服务质量、提高馆藏文献利用率为目标。高校图书馆为提高服务质量通常会通过各种途径向读者征求意见。

第四节 现代高校图书馆的服务内容

一、图书馆服务内容的三大层面

图书馆服务通常和服务行业的服务有共同点。例如,都以服务至上为服务口号,都需要为各种类型的人提供服务,都面临服务质量、服务态度和在服务过程中解决冲突的问题。但高校图书馆的服务有自身独特的特点。高校图书馆的服务内容通常包括以下三个层面。

(一)职能服务

职能服务是某一服务行业或部门所具有的特殊服务,是区别于其他行业或部门的独特功能。例如,饭店的职能是为顾客提供可口的食物,理发店的职能是为顾客修剪头发。高校图书馆的职能服务是为读者提供读者需要的文献信息,为读者的阅读、学习和研究提供良好的环境。图书馆的各种功能服务的侧重点各不相同,可以根据各自的特点对其进行划分。

(二)管理服务

高校图书馆的管理服务有两层含义。一方面,高校图书馆要为多种层次的读者提供服务。不同的读者在文化水平、思想素质方面存在差异,高校图书馆要制定相关的规定对读者行为进行规范,使图书馆的服务设备、图书资源等硬件设施得到最大限度的利用。另一方面,高校图书馆的工作人员的能力素质和知识储备各不相同。为提高高校图书馆的工作效率和服务质量,高校图书馆需要制定有关规定对其工作人员进行管理。这两种管理的出发点和落脚点都是为读者提供更高质量的服务,因此,这两种管理都属于图书馆的管理服务。

(三)心理服务

所有服务行业都存在心理服务的问题。社会经济不断发展,人们的基本生存需求得到了满足,但人的心理也需要得到满足。因此,很多行业将心理服务列为服务内容之一。心理服务通常是在工作人员为用户提供服务的过程中体现出来的。如在高校图书馆中,读者需要图书馆的工作人员帮助自己寻找文献资料,能不能查到属于功能服务问题,工作人员对待读者的态度则属于心理服务问题。在高校图书馆的服务中,心理服务非常重要。心理服务是高校图书馆的精神面貌和工作人员的思想素质的体现,决定着读者对图书馆的满意程度。

二、图书馆服务内容的形态演变

图书馆作为存储社会文化和社会记忆的容器，它的服务内容、服务方式的发展和科学技术、社会文化以及用户行为模式变化的关系十分密切。图书馆的服务和方式主要经历了以下几种形态。

（一）书目信息服务

书目不同于信息资料本身，而是关于信息资料的信息。书目活动是将关于文献的信息从文献实体中分离出来，解决文献和读者的需求之间的矛盾，从而实现对文献信息统一记录和组织的活动。

由于我国早已发明了造纸术和印刷术，古代文献汗牛充栋，书目信息工作的历史非常悠久。在西方，书目信息服务和近代图书馆的发展基本同步。在文艺复兴和宗教改革时期，西方近代图书馆纷纷发展起来。欧洲进入资本主义社会后，大机器生产对有文化的工人的需求增加，教育得到普及，文献生产能力大幅度提高，一些图书馆开始对公众开放。

17世纪，德国图书馆学家G.诺德主张图书馆应向社会开放，而不是只为特权阶层服务。19世纪中期，工业革命基本完成，以英国的《哲学汇刊》（1665）、德国的《药学总览》（1830）、美国的《工程索引》（1884）等为代表的科技书刊和文献索引纷纷出现。西方目录学在此背景下快速发展。1895年，"国际目录学会"成立，世界目录学实现了从传统目录学向现代目录学的转变。

同时，除传统文献实体服务外，图书馆的书目信息工作、服务和管理快速发展，特别是分类目录、卡片目录等逐渐成为图书馆活动和服务的中心工作。

（二）文献实体服务

早在公元前3000年，两河流域的古巴比伦王朝就已经有了最早的图书馆。在近代工业革命和印刷革命之前，西方的尼尼微皇宫图书馆、亚历山大图书馆，欧洲中世纪的寺院图书馆，中国殷商时期的藏甲骨、周代的守藏室、隋唐的书院等古代图书馆都不对社会开放。这些图书馆的服务内容主要是文献实体服务。

（三）参考咨询服务

参考咨询服务是指图书馆工作人员为读者提供搜索文献信息的活动，主要是通过协助检索、解答咨询和专题文献报道等方式为读者提供服务。参考咨询服务更侧重于图书馆的情报职能，侧重读者的信息需求，它将书目信息服务转变为工具，解决读者的实际问题。

通常认为，19世纪下半叶的美国公共图书馆和大专院校图书馆最早开始为读者提供参考咨询服务。1876年，在美国图书馆协会第一次大会上，伍斯特公共图书馆馆长S.格林发表了文章《图书馆馆员与读者之间的个人关系》，这篇文章指出图书馆要为读者获取情报资料提供帮助。这篇文章是最早的关于图书馆提供参考咨询服务的倡议。1891年，图书馆学文献中出现了"参考工作"这一术语，从此之后，图书馆界开始接受和应用参考咨询服务理论。

20世纪初期，很多大型图书馆纷纷设立参考咨询部门，参考咨询服务逐渐成为图书馆服务中的重要内容。随着社会文化的发展，文献信息越来越丰富，早期图书馆提供的书目信息解答等服务转变为在文献信息中查找信息的服务。20世纪40年代，图书馆开始提供事实性咨询、专题文献检索、文献综述等服务。

（四）信息检索服务

20世纪中后期，发达国家的科学技术和思想文化快速发展，信息处理问题逐渐受到重视。文献加工领域逐渐使用计算机技术，学术思想和学科知识不断增加。一些图书馆在建设文献数据库时引入了计算机技术和现代通信技术，联机检索得以实现，图书馆的参考咨询服务进入自动化的发展阶段。1945年，美国科学家V.布什在文章中率先提出了机械化检索文献缩微品的想法。1948年，C.N.莫尔斯提出了信息检索的概念。同年，英国文献学家S.C.布拉德福发表了文章《文献工作内容的改进和扩展》，这篇文章指出了19世纪90年代以来图书馆文献工作的开展和20世纪40年代图书馆的文献工作中需要改革的问题。这些思想和观点都促进了图书馆文献服务内容与方式从以文献实体或文献信息为主体向以信息资源为核心的历史性转移。

从此之后，图书馆的信息收集、信息组织、检索语言的编制、用户需求的调研等都围绕信息检索服务这个中心发展起来。20世纪50年代，美国人M.陶伯、A.肯特、H.P.卢恩提出了题内和题外关键词索引等，英国的布拉德福和B.C.维克利对文献分布、R.A.费尔桑对分类检索、C.W.克莱弗登对检索系统性能的评价问题等都分别做了研究。

特别是在20世纪90年代，计算机检索系统快速发展。例如，美国国家航天和航空局的RECON信息检索系统、系统发展公司的ORBIT以及书目检索服务社的联机检索系统等都相继投入使用。

随着计算机语言技术、存储技术、人工智能技术等技术的发展，尤其是图书馆文献的计算机化和多媒体化发展，信息检索技术将在未来退出历史舞台。随着信息检索技术的不断发展，各种信息咨询和信息调查机构也会随之发展起来，全文本、多媒体、多原理和自动化等新型检索方式将得到发展，信息检索服务将成为图书馆网络化的基础和途径。

（五）网络化知识服务

在信息资源网络化、知识经济和技术创新的社会背景下，网络化知识服务必然得到发展，网络化知识服务也是信息检索服务发展的必然结果。从20世纪90年代开始，随着互联网技术的发展和广泛普及，图书馆数字化、信息资源网络化、信息系统虚拟化的进程不断加快。这些变化和发展促进了将文献信息传递给用户的发展，导致信息交流体系和信息服务市场发生重组，图书馆不再能垄断信息服务。这些变化促进了图书馆的改革，图书馆需要对其核心竞争力进行重新定位，使当前的以信息检索为核心的服务方式向网络化知识服务方式转变，从而保证图书馆的社会服务。

网络化知识服务是图书馆信息服务的高级阶段，是在网络平台和信息资源的基础上，为用户提供解决问题的方案的增值服务。网络化知识服务有个性化、专业化、决策性、整合性和全球化等特征。

（六）泛在知识环境下的泛在化服务

近几年，国内外图书馆界中泛在图书馆理论和泛在图书馆应用的思想非常活跃，逐渐成为专家和学者的研究重点。泛在图书馆为数字图书馆做出了新的定义。泛在知识环境使数字图书馆服务环境和用户需求发生了变化，数字图书馆的研究方向也发生了变化。

"泛在"的基本含义是广泛的存在，英文为"ubiquitous"，含义是"无所不在，广泛存在"。在2003年的"后数字图书馆的未来"研讨会上，有学者提出数字图书馆要协同NSF/ACP知识基础设施建设并创建泛在知识环境。在会后发表的研究报告中，将数字图书馆的未来描述为构建"泛在知识环境"。

截至目前，在"泛在图书馆"概念体系方面，国内外的专家学者并未达成一致意见。但对"泛在知识环境"这一概念做出了明确界定，就是要构建多语种、多媒体、多格式、多形态、移动的、语义的数字图书馆知识网来检索人类知识，使信息服务更加实质性地转向知识服务。

第二章 现代图书馆的服务理念

随着社会经济的发展和人们生活水平的提高，人们对现代图书馆的服务也有了更高的要求。图书馆作为给人们提供知识信息的重要场所，尊重读者的各项基本权利、为读者提供现代化服务，已经成为现代图书馆工作的重要内容。本章主要分为服务理念与图书馆服务理念、现代图书馆服务理念的演变、现代图书馆服务理念的内容以及现代图书馆服务理念的创新四个部分，主要包括服务理念、图书馆服务理念、图书馆服务理念的演变、杜威的图书馆读者服务"三适当"准则、图书馆服务的定律、图书馆服务理念的基本内容、特色服务的理念等。

第一节 服务理念与图书馆服务理念

一、服务理念

（一）服务理念概述

理念原是西方哲学史和西方美学史中的一个概念，其有广泛的含义，一般可以理解为理性所产生的概念。理念是一种理想和信念，是为追求和实现目标而奋斗的思想信念。

服务理念是人类众多理念中的一种，是人们从事服务活动的主导思想，是人们对服务活动的理性认识的反映，是服务活动的核心。服务理念体现了对客户或服务对象的服务原则、服务态度、服务方式，是服务组织规范服务人员心态和行为的准则，同时也是服务组织提供给顾客满足其某一种或某几种需要的服务的功能、效用。

服务理念包括服务宗旨、服务原则、服务目标、服务方针、服务精神、服务使命、服务政策等。服务理念还具有前瞻性、继承性、传播性、公开性、一贯独特性、顾客导向性、挑战竞争性和深刻性等特征。

宗旨是服务组织建立的根本目的和意图，使命是服务组织在社会经济发展中承担的任务和责任，目标是服务组织运行和发展预期达到的境地或标准，方针是服务组织在经营管理上总的发展方向或指导思想，政策是服务组织在处理内外关系或配置资源时所提出的有重点、有倾向性的观点及实施方案，原则是服务组织在其行为中恪守的准则或坚持的道理，精神则是服务组织较深刻的思想、较高的理想追求或基本的指导思想。在服务理念中，"宗旨"和"精神"的思想层次较高，但比较抽象，缺少可操作性；"目标""方针""政策"较具体，比较容易操作，但思想层次相对较低；而"使命""原则"的思想层次、操作性介于上述两组理念之间。

图书馆的服务理念是对图书馆工作人员的经验，尤其是成功经验的系统化和高度概括。图书馆服务理念是图书馆工作人员的工作指南，对图书馆的工作人员的行为有约束作用，指导图书馆工作人员按照服务理念做事。先进的图书馆理念对图书馆的改革和发展有促进作用，发展图书馆的服务理念也是对图书馆的发展的创新性观点。图书馆服务理念也是图书馆经验和图书馆观点的代表，是图书馆思想和图书馆理论的一种代表。

1. 服务理念在服务活动中的作用

（1）有利于服务有形化

服务组织的服务理念作为一种思想，一般都以语言文字的形式对顾客公布和传达，而语言文字是"有形"的信息，因此，"有形"的服务理念有利于无形服务的有形化，而且理念本身正是服务有形线索所要提示的主要内容。但如前所述，服务理念的"有形化"本身是不够的，还必须内化在人的思想深处，成为一种自觉意识。

图书馆属于服务组织，其服务理念一般有两种。一种是"外显"形式，即通过文字或符号表现出来的有形化的信息，如"用户至上，服务第一""一切为了读者"等。外显形式的服务理念是图书馆服务活动的依据。

另一种是"内隐"形式。这种形式的服务理念存在于图书馆工作人员的内心深处，是人内在的没有外显的思想意识。图书馆要做好服务工作，既需要外显的服务理念还需要内隐的服务理念，将服务理念变为自觉的理念，将两种形式的服务理念相结合才能为读者提供高质量的服务。

（2）有利于体现和建立服务特色

策划、设计出比较优秀的服务理念往往是独特的，并且有个性、有特色。长期以来，图书馆界都遵循"服务至上"的服务理念，目前很多图书馆将"读者至上，服务第一"作为服务理念。但这种大众化的服务理念不能体现出图书馆的服务特色。有专家指出，通过图书馆的建筑外形和特色馆藏资源不能对图书馆做出真正的区分，要通过图书馆的服务理念对其做出区分。

不同的图书馆服务理念体现了图书馆不同的服务特色，造就了不同层次的图书馆。例如，深圳图书馆的服务理念是"开放、平等、免费"；深圳南山图书馆的服务理念是"关爱、无限、完美、超值"；山东图书馆的服务理念是"一切为了读者"；河南图书馆的服务理念是"读者至上，服务第一，敬业爱岗，创新务实"。这些有自身特色的服务理念都给读者留下了深刻印象，同时也对图书馆的服务工作产生了不同的影响。

（3）有利于发挥服务组织人员的工作主动性和创造性

服务理念的一部分是针对服务组织员工的，用于激励他们，这就能起到一定的政治思想工作的作用。同时，服务理念还能统一全体员工的思想和心态，而服务行为正是来源于员工的思想和心态。因此，思想和心态的统一有利于整个服务组织服务行为的统一。

随着科学技术的发展和社会文明的进步，图书馆逐渐发展出了多层次的服务理念，这些服务理念不再只是呆板的口号，而是成为图书馆竞争的准则。先进的服务理念必然产成生机和活力，必然会激发馆员的积极性和创造力。这就要求图书馆的工作人员要从读者的需求出发，为读者提供高质量的服务，满足读者的信息需求，从而大大地激发图书馆馆员的潜在活力。

人的创造力来源于自身的理想、信念，来源于自己对事业的热爱和追求，来源于行业理念。图书馆馆员只有在图书馆服务理念的指引下才会充分发挥自己的聪明才智，不断地去创新、去开拓、去提高服务质量。

（4）有利于监督服务组织人员的服务行为

既然服务理念的一部分是针对服务组织员工的，并且要向顾客公布和传达，因此服务理念一方面能对员工的服务行为起到某种警示作用，另一方面还能引导顾客对员工服务行为进行监督。

（5）引领服务行为，体现价值取向

图书馆服务理念能够为图书馆的服务行为提供指导。图书馆的服务理念是全面公开的，通过服务理念，读者能够对图书馆有更多的认识和了解。图书馆的服务理念能够监督图书馆工作人员的行为，对工作人员的思想和行为起到规范作用，从而为读者提供高质量的服务。

图书馆馆员工在服务理念的引领下，形成乐观、向上、积极进取的人生观、价值观。自觉热爱图书馆事业，以满足用户需求为荣，将热忱服务、高质量的超值服务作为自己一生最大的价值体现。

（6）增强图书馆可持续发展的核心竞争力

现代社会，各行各业都在着力打造自身的核心竞争力。在网络环境下，图书馆早已失去了信息垄断地位，图书馆面临严峻的挑战和竞争。20世纪甚至出现了"图书馆消亡"论，如何实现可持续发展，如何增强其核心竞争力就显得尤为重要和迫切。服务理念影响和决定着图书馆人的思想高度，指导图书馆制定发展规划和战略目标，而发展规划和战略目标往往决定着图书馆的核心竞争力。

服务理念具有公开性、传播性、一贯性、独特性、顾客导向性五项基本特征及前瞻性、继承性、挑战性、竞争性和深刻性五项一般特征。

服务理念的核心是将顾客作为导向，即所有服务主张和服务理念都要满足顾客的需求。既然服务理念将顾客作为导向，服务理念就没有必要隐瞒，应当向服务组织内外公开，让尽可能多的人了解，以体现服务理念的真诚。服务理念既然是公开的，就离不开公开的手段——传播，好的服务理念是适合传播和有传播效果的理念。服务理念的一贯性体现为它在相当长的时间内是比较成熟的、稳定的，是一贯的主张或追求的理想，不是心血来潮，不是稍纵即逝的思想火花，也不是可随意改变的主意。服务理念都是人倡导的，而人是有个性的，这种个性就会融合在他所倡导的理念之中，并通过理念的独特性表现出来。

服务理念从根本上讲来源于顾客期望，顾客期望的动态性和变化性的特点以及服务理念对工作的领导地位，要求服务理念必须具备前瞻性。而且服务理念也必须继承传统服务中合理、正确的部分，并在继承的基础上进行理念创新。服务理念是对服务理想水平的一种描述，但理想水平总是高于现实水平的，因而具有挑战性。倡导服务理念的主要目的是指导服务组织在激烈的市场竞争中用更优秀的服务去争夺顾客与用户，服务理念是有竞争意义或战略意义的。服务理念是用以指导服务行为的，但服务理念只有做到深刻，即抓住人心，才能打动人心并化为员工自觉的服务行为。

在倡导服务理念的过程中，优秀的服务组织领导人应高度重视身体力行并用自己的言行去感染和带动全体员工，使大家都接受组织的服务理念。

2. 现代服务理念

人们的价值观念不断发展变化，图书馆在发展过程中也引进了现代科学技术，读者需要图书馆提供多元化的服务。社会服务事业不断发展，人们的服务理念也在不断发展，形成了多层次的服务理念。现代图书馆就应有新的服务理念来指导图书馆的服务工作，以服务为宗旨发挥图书馆的各项职能，全面促进图书馆事业的发展进步。

服务是思想境界的体现。在传统观念中，服务是侍候人的工作，从事服务工作的人往往低人一等。在现代社会中，服务活动是一种重要的社会活动，服务通常以合作的方式表现出来。在社会主义思想观念中，服务活动是一种高尚的活动。半个世纪前，毛泽东一篇脍炙人口的经典篇章——《为人民服务》，对中国的几代人都产生了深远影响。全心全意为人民服务的思想观念可以归结为一句比较现代化的用语，那就是"以人为本"，这是各种服务活动的根本理念。

在现代社会中，服务的表现方式通常是劳务，即通过劳动的方式满足其他人的需求。这种"劳务"的不断发展，形成了现代社会规模庞大的新生行业——服务业和以服务业为主体的第三产业，从而导致了人类历史上的又一次产业革命。服务行业的发展程度也成了衡量一个国家社会经济发展水平的重要标志。

服务是一种合作，是现代社会的主要竞争内容。人们在日常生活中非常关注服务。"用户至上"这一理念已经从符号转变为企业在市场竞争中切实执行的准则。当今社会的市场竞争已经不再是产品质量的竞争，服务竞争的比重逐渐上升。

（二）服务理念的重要性

1. 服务理念对服务管理有重要意义

在企业中，产品的制造者、生产者、分销者直接接触消费者的机会很少，他们仅能通过最终的有形产品间接地影响消费者的需求。但服务递送系统和服务产品的关系非常密切。

服务递送系统包括雇员能力、雇员表现、雇员态度等因素。服务递送系统及其员工与消费者消费需求的实现有直接影响。从这个方面来看，明确服务理念对服务管理有指导意义。

2. 服务理念容易被人曲解

服务理念容易被人曲解有两方面原因。一方面是工作人员的原因。服务存在于各行各业当中，服务行业需要雇佣员工，尤其是前台工作人员需要有一定程度的自主性。这个因素会使员工的行为和态度有不同程度的变化，这些变化会对员工对服务理念的理解和实行有一定的影响。另一方面的原因则是消费者自身的原因。

服务企业需要明确自身的服务理念、服务理念对消费者和员工的意义。服务企业要顺利推行服务理念需要注意以下三点。

（1）市场细分

消费者的消费需求和消费期望是因人而异的。因此，企业要对消费者市场进行细分，仔细研究每个细分市场的消费需求。企业要将消费者分割市场和其他消费者分割市场相区别，进行区别对待，提供有针对性的服务。

（2）定位消费者目标市场

细分市场包含的消费者需求各不相同，企业在为消费者提供服务时要有针对性，为消费者提供个性化的服务。企业在分析不同的消费者分割市场时要考虑分割市场的吸引力和企业自身的竞争力。

（3）创新服务递送系统

服务的本质决定了消费者需求和员工需求的变化都很大。企业的服务理念要有独创性的特点，否则将难以适应变化迅速的服务递送系统。麦当劳快餐店、地中海俱乐部等都是服务业中"创新型公司"的典型，这些公司都有细分市场，其服务都是根据细分市场中消费者的需求设计的。

二、图书馆服务理念

现代图书馆服务面对新的环境和新的需求，必须树立新的理念。树立服务理念是图书馆的发展的需要，也是满足当今时代各种需求的要求。图书馆的服务工作要遵循图书馆服务理念的指导。图书馆服务理念在图书馆的工作理念中占有重要地位。图书馆的服务理念往往通过服务原则、服务方式等具体表现出来。在图书馆长期的服务工作中总结出来的服务理念，反映了图书馆服务的发展规律，代表了图书馆服务工作的发展方向。图书馆服务理念是图书馆的服务定位问题，即为谁服务和怎样服务的问题。图书馆的服务形式经过了多种形态的演变，由封闭到开放，由面对面的服务形式发展为远程服务形式，由定时服务的形式发展为随时服务的形式，等等。现代社会的图书馆服务形式丰富多样，服务手段和服务方式朝多样化方向发展。这些发展和变化推动了图书馆服务理念的变革。

图书馆的服务理念能够体现出图书馆的社会价值。近些年，随着我国社会的转型，服务的概念和范围发生了变化，体现在图书馆服务理念上就是：为读者服务的模式从"以藏书为中心"转变为"以读者为中心"；读者服务的对象由"图书馆读者"向"社会读者"发展；读者服务的范围由"图书馆服务"逐渐向"资源共享服务"转变；读者服务的内容由"图书馆藏提供"逐渐向"电子信息资源存取"发展；读者服务的手段由"手工操作方法"逐渐转变为"综合文献技术应用"等。

选择性是图书馆服务理念的首要特征。在图书馆的实际运行中，图书馆为读者提供服务产品，读者有权利对图书馆的服务进行选择，图书馆服务的选择性蕴含着图书馆各方的竞争。因此，在激烈的竞争中，图书馆需要对自身的服务质量进行改进，为读者和社会提供高质量的服务，满足读者和社会的需求。

层次性是图书馆服务理念的另外一个特征，即不同的读者有不同的需求，图书馆要有针对性地满足读者的需求。

第二节 现代图书馆服务理念的演变

一、图书馆服务理念的演变

图书馆在进行改革和创新时需要将争取到的服务理念确定为指导方针。图书馆服务的更新是在服务理念的指导下进行的。因此，图书馆要确立和知识经济时代发展相适应的图书馆服务理念，这是图书馆发展的基础。

长期以来，我国图书馆的服务理念基本可以总结为"藏、封、守、旧"。这种理念是社会的发展阶段、科学技术水平、社会意识形态和文化传统等因素共同作用的结果，即藏书和馆藏信息是图书馆的主体，是为读者提供服务的物质基础。封闭的服务理念削弱了图书馆的交流功能和社会功能，不利于图书馆全面实现其服务宗旨。图书馆为读者提供的服务是被动式的服务。大部分图书馆是借书和藏书的场所，图书馆一般不重视其作为学习场所的功能的建设。图书馆在提高服务质量时，忽视了为读者提供人性化的服务。

19世纪50年代，近现代意义上的图书馆诞生，在一百余年的发展过程中，图书馆的服务理念与社会和时代的发展共同发展。图书馆学界已经达成"服务是图书馆的宗旨"的共识，图书馆属于服务机构这一本质得到了明确。这将会促进图书馆明确自身定位，使图书馆通过提供优质服务获得更高的社会地位。在评估图书馆的办馆水平时，图书馆的服务质量是一项重要指标，为读者提供服务也是图书馆工作的核心。近几年，有关网络环境、知识管理、知识经济时

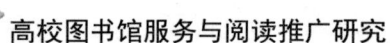

代的图书馆服务文章大量出现,新的服务理念逐渐受到关注。

二、杜威的图书馆读者服务"三适当"准则

19世纪下半叶,美国的图书馆学快速发展,其中优秀的图书馆学家代表有卡特和杜威。杜威在1876年提出了图书馆读者服务的"三适当"准则,即"在适当的时间,给适当的读者,提供适当的服务"。这条准则促进了图书馆资源选择、资源提供和图书馆服务的结合,在图书馆服务理念的确立方面有开创性意义,对图书馆服务理念的发展有深远影响。

三、图书馆服务的定律

(一)图书馆学"五定律"

1931年,印度著名图书馆学家阮冈纳赞提出了图书馆学的"五定律"。这五条定律强调图书馆服务的重要性,转变了图书馆以收藏为主的服务理念。阮冈纳赞提出的五定律的具体内容为,第一定律,书是为了用的。在此之前图书馆往往将藏书作为办馆理念,这一定律将图书馆的办馆理念转变为利用书。第二定律,每个读者有其书。这一定律强调服务对象,要求图书馆要为每一位读者提供图书。第三定律,每本书有其读者。这一定律强调服务的针对性,要求图书馆的图书资源要发挥其作用。第二、三定律说明了图书馆服务从书本位到人本位的转变。第四定律,节约读者的时间。这一定律重点关注图书馆的工作效率和服务效率,符合现代社会的发展需求。第五定律,图书馆是一个生长的有机体。这一定律说明了图书馆应不断进行服务创新活动,不断提高服务质量。

(二)图书馆学"新五定律"

在阮冈纳赞五定律的基础上,美国图书馆学家米切尔·戈曼于1995年提出了图书馆学的"新五定律",其内容主要包括:①图书馆服务于人类文化素质。②掌握各种知识传播方式。③采用科学技术提高服务质量。④确保知识的自由存取。⑤尊重过去,开创未来。"新五定律"仍然强调图书馆的服务功能,但将其提升到了现代化服务的高度,适用于目前所处的信息环境,具有当今时代的鲜明特征。图书馆学的新、老五定律都说明了服务是图书馆工作的宗旨,图书馆的目的是为用户提供服务。

(三)图书馆服务"新五定律"

柯平教授在新、老五定律的基础上提出了图书馆服务"新五定律",他提出的这五条定律与我国的图书馆发展环境更加贴合,更加适用。其内容包括,第一定律,为每一个读者或用户服务。这一定律确立了以读者或用户为中心的服务理念,强调了图书馆的服务本质。第二定律,服务是效率、质量与效用的统一。这一定律强调图书馆在服务过程中要保证服务效率,为读者或用户尽快提供所需的信息资源,保证信息资源的质量,还要使所提供的资源能够被充分利用。第三定律,提高读者或用户的素养。这一定律强调图书馆的服务育人功能,图书馆要对读者或用户进行信息素养培训,提高读者或用户的信息素养,进而提高图书馆的服务质量。第四定律,努力保障知识与信息的自由存取。图书馆要积极采取各种有效措施,对知识和信息进行丰富,确保读者能够便捷地获取知识和信息,能够自由利用知识和信息。第五定律,传承人类文化。这一定律是图书馆服务的深远意义。图书馆服务使知识与信息发挥作用,使人们的素质得到提高,从而创造财富,促进生产力和社会的进步。

第三节 现代图书馆服务理念的内容

一、图书馆服务理念的基本内容

20世纪80年代中期,我国图书馆界提出了"读者工作是图书馆工作的出发点和归宿"的服务理念。这个服务理念有力地推动了图书馆服务工作的发展。

21世纪,我国图书馆界对已有图书馆服务理念进行了完善,提出了新一代的图书馆服务理念。21世纪图书馆的服务理念主要有以下几种。

(一)"以人为本"的服务理念

服务至上是图书馆工作人员的服务工作宗旨。这一宗旨就是要把图书馆的各个方面的各项工作都纳入以人为本的服务理念中来。以人为本的服务理念就是把服务的根本放在人上,要注重人文关怀、弘扬人文精神、尊重人的发展、满足人的需求等。开展高校图书馆创新服务的前提便是以人为本。

高校图书馆以人为本的理念包含两方面内容:一是针对图书馆馆员的,要提高馆员的综合素质、素养水平和专业技能水平;二是针对用户的,高校图书馆在为用户提供服务的同时,也要适当对用户开展培训工作,提高用户对图书馆的利用能力,从而提高图书馆的服务水平。

图书馆是服务机构,"以人为本"的服务理念存在于图书馆的全部工作之中。将方便读者的使用、提高服务质量，提高读者对图书馆服务的满意程度作为最终目标，将读者的满意程度作为衡量图书馆服务工作的标准，不断为读者提供更好的服务。在网络化、数字化和信息化的时代，图书馆坚持"以人为本"的服务理念有利于图书馆的发展，促进图书馆服务质量的提高。

（二）竞争的理念

在谈到服务产品的微观特征时，曾提出它具有相互替代性。图书馆服务有替代性特征。图书馆和其他社会服务活动之间的关系十分紧密，与其他服务活动互为补充，进而构成竞争关系。

图书馆是传播人类知识和信息的服务机构，随着网络的发展，图书馆的发展遇到了很大的竞争和挑战。在竞争中，网络对图书馆的冲击最为明显。网络仿佛是一个庞大的图书馆，随时向人们提供无所不包的网络信息，而且不受时间、空间的限制，使读者迅速得到需要的信息，节约读者获得信息的时间。图书馆也不再是读者获取信息的唯一途径。

另外，书店开始提供购书和阅读的环境，种种方便、人性化的服务受到读者的广泛欢迎。网络的发展势必削弱人们对图书馆的依赖程度。同时，开放的环境使读者和网络之间形成了人机对话的交流形式，读者获得了更好的服务体验。

根据近年来媒体的报道可以了解到，各地图书馆的借阅活动在不同程度上都出现了波动。为应对各方面带来的挑战，图书馆需要充分发挥自身的资源优势，转变服务理念，提高竞争意识。在网络建设方面，要积极推动网络化和数字化的发展，提高工作人员的工作能力和素质，增强图书馆的竞争优势。

二、特色服务的理念

（一）多元化和多样化的服务理念

随着科学技术的不断发展，读者获得信息和知识的渠道不断丰富，读者的阅读方式和阅读内容呈现出多元化和多样化的特点。

读者除阅读传统的纸质书籍和刊物外，还会从VCD、DVD、广播、电视、音响、视频资源、网络和其他各类图像传播媒体中轻松获取信息。这些媒介既能够适应现代社会的生活节奏，又能使读者通过休闲的方式获得需要的信息。

因此，在网络和多媒体的时代，新媒体阅读不断发展，图书馆应加强信息资源建设，为读者提供更多的服务和多元化的服务方式。

（二）"3A 新理念"

对于广大用户那些较低层次的文献信息需求，图书馆的传统服务模式和方式基本可以使其得到满足。然而，在如何满足广大用户那些较高层次的文献信息需求方面，还有很大的研究空间。与知识创新相关的文献信息需求以及与审美、教学、认知相关的文献信息需求极为迫切，于是一种新的用户服务理念——Anytime、Anywhere、Anyway（无论何时、何地、以何种方式），简称"3A 理念"便应运而生。

"3A 服务理念"即 Anytime（何时）、Anywhere（何地）、Anyway（何种方式）。换句话说，"3A 服务理念"是指读者在任何地点、任何时候、借助任何方式都能得到图书馆的服务。

要实现这个服务理念需要依托于"虚"和"实"两个用户服务系统。"虚"是指基于网络的虚拟用户服务系统或称虚拟参考咨询服务系统。目前，有一些高校图书馆网站已经建成了"网上（虚拟）参考咨询台"，用户可以及时与图书馆工作人员进行联系，获得有关文献和信息检索的指导和帮助，查阅网上免费的在线词典、百科全书、地图集，能够通过"学习中心"获得电子信息资源的使用方法，了解电子资源的使用方法。"实"是指基于流通、阅览、声像等业务部门以及遍布各个部门的实体参考咨询台。"虚""实"结合能够延长、拓展图书馆的服务时间和服务空间，同时使服务方式呈现出多元化的特点。

（三）特色服务和个性化的服务理念

特色服务和个性化服务是图书馆在长期的实践中总结出来的，通常表现为其他图书馆不具备的特征。在服务对象、服务内容和服务宗旨方面，特色服务和个性化服务都将读者作为出发点。

在现代社会，读者的需求呈现出多元化的特征，图书馆应充分利用网络数字资源和馆藏资源的优势，发展自身的特色服务和个性化服务，为图书馆的发展增添活力，增强图书馆的竞争优势。

高校图书馆个性化服务理念的出发点是以人为本，依据用户的个人情况及特点，利用先进的网络信息技术，为用户选择更适合的资源，给用户提供一种快速、便捷、高效、个性化的信息服务。个性化信息是一种信息组合，由人类个体的特征和人类的个性需求所决定。高校图书馆的个性化信息服务主要包含两方面的含义：一方面，通过分析用户的个体特性和个人情况，主动为用户提供用户可能需要的信息服务，例如信息消息推送等；另一方面，读者可以根据自身的使用需求和使用目的，在检索功能界面按照自己的个性设置获取信息的知识结构、表现形式、来源方式等，以促进用户有效利用信息，进行知识创新。

（四）信息无障碍服务理念

人人都有获取知识和信息的权利。信息无障碍服务理念主要表现在为残障群体提供服务方面。平等地获取知识是人的基本权利，图书馆为残障人士提供服务是维护残障人士的基本人权的体现。而使残障群体感受到社会关怀，是图书馆作为社会服务机构应尽的职责。为使残障人士和普通人一样能够享受到图书馆提供的服务和资源，图书馆需要有多样化的服务设施和服务形式。其中首先需要树立的是信息无障碍服务理念，其次要在这种服务理念的指导下进行实践。如图书馆的建筑和服务设备要能够满足残障用户的需求。在工作实践中，信息无障碍服务理念通常体现为：①在无障碍服务理念的指导下设计图书馆建筑，如铺设残障人士专用道和相关卫生设施；②为残障人士提供送书上门服务；③通过现代信息技术开展网络服务和信息咨询服务；④打破传统的图书馆空间和文献资源按文献载体和文献类型布局的模式，改按文献的内容主题来划分，避免读者包括残疾读者来回奔波；⑤根据残疾读者的具体服务需求，量身定做，开展个性化服务。国内信息无障碍服务开展比较早的图书馆有上海图书馆，1996年在当时新建成的馆舍对外开放时就构建了物理无障碍的建筑环境，并开辟了盲文阅览区。

第四节　现代图书馆服务理念的创新

一、图书馆服务理念创新的必要性

在当今这个信息时代，图书馆要面对激烈的竞争。人们能够通过电视节目和互联网获得各种信息，信息服务机构纷纷涌现，图书馆不再是唯一能够提供信息服务的机构。

曾有人预测，人类进入信息时代后，图书馆将被数字图书馆取代，纸质图书将被电子图书取代。如今看来，这种情况并未出现。但图书馆需要适应信息社会的发展需求，要加强自身建设，树立与时代相适应的服务理念。图书馆服务工作内容丰富，意义重大，是图书馆工作的重要组成部分，是图书馆和读者之间联系的桥梁。总的来说，图书馆服务工作要能够满足读者的需求，图书馆要分析图书馆服务工作的规律，对其服务理念不断创新，不断提高其服务质量，不断完善自身工作。

在社会的总体发展方面，图书馆必须要创新其服务理念。人类社会进入 21 世纪以后，信息技术快速发展，知识交流和知识传播模式都发生了巨大的变革，网络成为人们获得信息的首要途径。因此，图书馆要在应对变化的过程中不断创新，创新服务理念和服务工作，在竞争中彰显自身优势，以适应时代的发展。

二、图书馆服务理念创新的实质

图书馆创新服务理念是借助更新思想观念，使图书馆人员主动为信息用户提供信息服务，标准是提高服务质量。图书馆服务理念创新的实质是"一切为了读者"，主要体现是丰富和完善服务内容。

在信息时代，知识和信息更新的速度非常快。图书馆在为读者提供信息时要能够满足用户"快""新""精""细"的需求才能算作服务创新。因此，图书馆要对信息服务内容进行深化，将图书馆的馆藏资源和网络资源的内在价值充分发挥出来，以满足读者的需求。

三、图书馆服务创新的动力

正确认识和把握高校图书馆服务创新的动力，是进行服务创新的前提。高校图书馆服务创新的动力既包括图书馆内部因素，也包括外部因素，这些因素结合到一起可推动高校图书馆的服务创新。

（一）内在动力

1. 可持续发展战略

高校图书馆的可持续发展战略是指高校图书馆发展的长期规划，是指导高校图书馆开展各项服务活动的准则。高校图书馆将服务创新纳入长期发展规划中，使可持续发展战略推动服务创新高效进行，有利于高校图书馆的长久、稳定发展并提高竞争优势。

2. 高校图书馆馆员

高校图书馆馆员在高校图书馆的服务中起到与用户进行交互的重要作用，是高校图书馆服务创新的重要驱动力之一。图书馆馆员在与用户的交互过程中，通过了解用户需求和建议，更容易产生创新设想；馆员还能充分利用自身的知识为高校图书馆的服务创新提供思路。

（二）外在动力

1. 政策环境

为顺应知识经济时代的快速发展，我国制定了"科教兴国"战略，通过发展科技和教育来推动我国经济发展。高校是国家知识创新的重要基地，应自觉进行创新，更好地为教科研服务，从而推动我国经济发展。高校图书馆应系统整理现有的馆藏实体资源，并充分利用互联网信息技术，建设数字化信息资源，对这些资源进行科学整理和维护。

2. 竞争环境

在信息技术飞速发展的今天，各种基于互联网的服务供应商越来越多，如各种搜索引擎服务供应商（百度搜索、搜狗搜索和谷歌搜索等）、各种专业知识服务供应商（中国知网、万方数据和重庆维普等）。此外，社会上的公共图书馆、图吧等也越来越多。毫无疑问，这些竞争者给高校图书馆带来了挑战。但这样的竞争环境也是高校图书馆进行服务创新的驱动力，高校图书馆应顺应时代发展趋势，充分利用自身优势，使自身获得竞争优势。

3. 用户需求变化

在外在动力中，用户需求变化对高校图书馆服务创新起到重要的推动作用。随着社会的发展和科技的不断进步，高校图书馆用户对信息的需求从广度和深度上都发生了巨大的变化。用户可以不受空间和时间的限制，便捷地通过互联网获取所需信息，到图书馆获取信息不再是唯一途径，用户对信息的质量也提出了更高的要求。用户获取信息的方式越来越依赖于互联网。具体来说，数字化环境下的用户需求具有以下特点。

（1）多样化

在数字化环境下，实体形式的文献已经不再是用户需求的主要信息资源，电子化的文献成为用户获取信息资源的主要方式。用户对信息的需求呈现全方位的趋势，获取信息资源的方式不局限于传统印刷型文献，更多地向数字化方向发展。用户对信息资源内容的需求也不断扩大，向社会化方向发展，不仅需要教科研相关的信息，还需要社会生活方面的信息。

（2）个性化

高校图书馆服务创新的一大特点就是个性化服务。随着用户信息环境的不断变化，用户对信息需求的服务已经不满足于简单的信息提供，而是要求图书馆提供个性化、专业化的服务，要求图书馆深入研究信息，挖掘和利用信息内容。尤其是高校图书馆的用户对知识信息的要求较为专业、精深。因此高校图书馆应集中学科相关知识，还可针对某一专题搜集和整理相关信息并提炼出对用户学习或研究有价值的信息资源，为用户提供个性化服务，使用户不必掌握各种检索技巧，不必在信息庞杂的网络中费力筛选有用信息。

（3）自助化

传统图书馆服务主要是用户与馆员面对面进行交流。在数字化环境下，非正式交流成为服务趋势。用户能通过自助的方式来获取图书馆服务，如资源检索、网上论坛等。用户能突破空间的限制，不用亲自到图书馆就能获取图书馆服务。因此，高校图书馆应完善自助设施，对馆员进行自助引导培训，还要丰富网络服务内容，为用户自助服务创造条件。因此，高校图书馆应深入用户环境，研究用户的需求变化，根据用户的需求进行服务创新，以为用户提供专业化、个性化的服务。

四、图书馆服务创新的构成要素

（一）资源

资源要素是高校图书馆的基本构成要素，也是高校图书馆服务创新的重要因素。资源要素不仅包括高校图书馆传统的馆藏纸质资源，还包括随着互联网技术发展出现的数字化、电子化信息资源。网络信息资源良莠不齐，高校图书馆应对信息资源进行挖掘、筛选，为用户提供知识增值服务，不断提高图书馆的服务水平。

（二）用户

用户是高校图书馆服务的主体，是高校图书馆服务创新的重要影响因素。有别于公共图书馆，高校图书馆的用户主要可分为两种，一种是学习型用户，另一种是研究型用户。学习型用户主要包括高校学生、在职学习的学员和短期培训班的学员等；研究型用户主要包括高校教师和科研人员。学习型用户和研究型用户的信息需求不同。学习型用户需要的信息资源主要是相关专业的教材、教学参考书和其他一些参考资料。研究型用户需要的信息资源主要是相关研究的论文、专著和科研报告等，他们所从事的是创造性的研究工作，是一种较高水平的信息需求，还需要相关领域的发展前沿动态等信息。

由于学科研究的不断扩展和深入、学科的融合和交叉，出现了大量的分支学科、横断学科和边缘学科，用户利用网络信息资源的频率逐渐提高，通过互联网获取信息资源成为当前用户获取资源的重要手段。互联网的深入发展对用户的信息素养提出了更高的要求，要求用户具有计算机应用能力。高校图书馆有责任提高用户的信息素养，进而提高高校图书馆的服务水平。

（三）馆员

图书馆馆员是高校图书馆服务的提供者，在高校图书馆的服务创新活动中起到重要作用。高校图书馆服务是通过馆员与用户的交互完成的，图书馆馆员的素质在一定程度上影响高校图书馆服务的质量。传统图书馆的职能主要是搜集、整理、维护、利用传统文献资料，馆员是文献资料的保管者和传播者。在数字化环境下，高校图书馆的服务形式、服务手段、服务内容等都不断更新，以适应数字化环境的要求。高素质的馆员是图书馆高质量服务的重要保障，因此图书馆馆员应不断提升自身素质。

（四）技术

随着现代信息技术的不断发展，技术要素在高校图书馆服务中发挥的作用越来越大。科学技术拓宽了高校图书馆的服务领域，将图书馆的传统服务拓展到数字化环境中，开发和利用数字化资源，服务手段也越来越先进。现代信息技术对高校图书馆的影响主要包括以下几方面。

第一，馆藏资源数字化。现代信息技术的发展使高校图书馆能把有价值的传统文献资源转换成数字化信息资源，将各种传统文献资源处理成图像形式、字符编码形式、音频形式、视频形式等，并将这些处理好的数字化信息资源储存在大容量设备中。高校图书馆还可引进各种电子化出版物，丰富图书馆的数字化信息资源。数字化资源既节省了高校图书馆的储存空间，还使用户获取信息资源更加便捷，用户在网络上能进行快速检索。

第二，服务内容、服务范围拓展。高校可通过建立数字化图书馆，将传统文献整理成数字化形式，同时将互联网的信息资源进行整合，把图书馆的服务范围扩大到整个互联网，为更多的用户提供信息资源服务，为用户提供更多的信息资源。高校图书馆可通过数字化参考咨询技术，为用户提供24小时的咨询服务，提高服务效率。还可根据用户需求，为用户提供个性化信息推送服务、个人图书馆定制服务等。

第三，信息资源共享。在互联网环境下，高校图书馆能利用网络与国内外其他高校图书馆、各种信息服务机构联系起来，实现大规模的信息资源共享，为用户提供更多的信息资源。

随着数字化环境的发展，高校图书馆及时调整自身的服务体系，向数字型、复合型转变，高校图书馆的四个构成要素也发生了一定的转变。高校图书馆的服务创新活动是在这四个要素的组合、交互作用中完成的，任何一个要素都不能独立发挥作用。首先，各种信息资源要通过高校图书馆馆员的挖掘、整理，才能有效传递给用户，为用户所用。

其次，高校图书馆馆员在与用户交流的过程中了解用户需求，发现服务中存在的问题，从而产生创新思想；用户在利用高校图书馆的过程中与图书馆馆员进行沟通，明确信息资源需求，并将服务建议反馈给图书馆馆员，亲身参与到服务创新活动中。

最后，随着现代信息技术在生产生活中的深入应用，高校图书馆逐渐向数字化转变，服务手段越来越先进。因此，高校图书馆馆员要适应网络化发展的变化，积极提升自身素质，掌握各种现代信息技术，能对网络信息资源进行挖掘、分析、筛选、整理。由此可见，这四个构成要素是相互关联、相互作用的。高校图书馆的服务创新活动只有将这四个要素有效组合，充分发挥各个要素的作用，才能顺利完成服务创新活动。

五、图书馆服务理念的创新内容

图书馆服务理念的创新是相对传统理念来说的，创新不是对传统内容的批判和遗弃，也不仅仅是标新立异，而是在继承中创新。图书馆服务理念的创新主要包括以下几个方面。

（一）自由、平等、博爱理念

国际图书馆界一直倡导自由、平等、博爱的服务理念。国际图书馆界一直注重人的尊严和价值，注重为弱势群体提供服务是其"自由、平等、博爱"的服务理念的具体体现。

"自由、平等、博爱"的服务理念主要体现在平等地获得知识和信息的权利方面。人人生而平等，人类文明也在一直追求建立能够保证人的平等和自由的制度，保证社会的公平正义。"自由、平等、博爱"作为一种普世价值观适用于图书馆的服务理念。

（二）资源共享理念

高校图书馆的资源共享理念，是指在自愿、平等、互惠的基础上，通过建立两个或两个以上的图书馆之间的合作关系或是建立图书馆与其他机构间的合作关系，利用先进的互联网信息技术，实现信息资源的共建共享，以最大限度地满足用户对信息资源的需求。高校图书馆以网络信息技术为依托，进行信息资源的电子化、数字化和网络化整合，构建一个整体的、相互关联并且可以实现信息资源共享服务的网络体系。

（三）知识服务理念

信息资源应该是面向实际需要的、有效的、具有针对性的。知识服务是以知识的搜索、分析、重组能力为基础的一种解决问题全过程的服务模式。高校图书馆为用户提供可用的知识信息，注重信息资源的开发与利用，为用户提供的不仅是相关知识，还从复杂的信息资源中获取有价值的知识，将这些知识融入用户的学习或研究中，帮助用户发现、获取和创新知识。此外，高校图书馆的用户主要是具有较强学术研究能力的教师和学生，针对他们的知识服务，无论是服务层次还是服务内容都具有研究性。因此，高校图书馆应深入分析相关知识，为用户提供满意的服务。

（四）创新服务理念

在文化传播载体和传播方式不断变革的挑战下，图书馆不仅要改善其硬件设施，还要创新其服务理念。只有这样，图书馆才能适应新时代新读者的需求，在日益加剧的信息服务大战中立于不败之地。

创新是时代发展的主流，创新是国家的灵魂。在社会创新的时代背景下，图书馆也要进行创新。图书馆的创新与其适应社会发展需要的关系十分密切，对其服务质量和服务水平的提升以及图书馆的发展都有影响。图书馆的每一位员工都要树立创新意识，形成创新思维，提出图书馆服务创新的建议。图书馆要制定创新服务的战略和创新服务的对策，在服务过程中积极开设新的服务项目，同时要提供创新的环境，培养员工的创新精神。

创新服务理念就是要适应原有理念赖以生存的条件与机制的变化。当今时代信息技术高速发展，这些技术手段在服务领域的应用提高了图书馆的服务效率，使图书馆的服务内容更加丰富。

但不管科学技术怎样发展、图书馆的现代化程度达到哪种程度，图书馆始终要为读者提供服务。但读者和社会的需求在不断变化，图书馆的服务理念也要不断创新，以适应需求的变化。需要注意的是，图书馆创新服务理念需要遵循国家指导原则、市场调节原则和图书馆自主发展原则。

（五）营销服务理念

图书馆的营销服务需要全体员工的共同参与。图书馆的领导在营销服务中所发挥的作用是至关重要的。图书馆领导是否具有正确的营销服务理念、是否重视细节是图书馆进行营销服务的基础和前提。通常来讲，图书馆领导更加重视怎样发展图书馆，而对图书馆已经形成的日常工作不够重视。但这些工作是图书馆发展的重要部分，对图书馆的发展有很大影响。只有将图书馆的服务理念和服务细节制度化、规范化，形成各种"反馈""激励"机制，才能够为图书馆营销服务工作的开展提供保障。对于图书馆的中层管理人员来讲，应重点关注服务细节的完善工作，在此基础上做好员工培训工作，创造良好的服务环境。图书馆的基层服务人员需要做好营销服务的本职工作。总的来说，图书馆的营销服务工作需要领导重视、员工认真执行。

第三章　高校图书馆学科化服务

学科建设是高校的生存之本，也是高校谋求快速发展的重要途径。因此高校图书馆要以学科馆员服务为基本模式，凭借图书馆丰富的文献信息资源，为高校的科研与教学提供学科化服务。本章分为高校图书馆学科化服务概述、高校图书馆学科化服务开展的问题、高校图书馆学科化服务模式的构建、高校图书馆学科化服务加强的途径四部分。主要内容包括：学科化服务的概念与内涵、学科化服务产生的背景、高校图书馆开展学科化服务的必要性、学科化服务的价值分析、学科化服务模式的构成要素、学科化服务模式的构建原则、切实提高学科馆员的素质、建立并完善学科用户服务档案。

第一节　高校图书馆学科化服务概述

一、学科化服务的概念与内涵

学科化服务主要是指学科馆员为对口学科提供深层次专业文献信息服务的实践活动，一般包括用户信息素养教育、科研支撑服务和学术评价服务。与传统的图书馆馆员提供咨询服务相比，学科服务是在参考咨询的基础上，根据用户对文献信息多样性需求的日益强烈发展衍生出来的。新时期的学科服务要求高校图书馆从信息的提供者转化为科研工作的参与者，但是满足本校师生的教学、科研需求依然是其基本任务。因此，高校图书馆需要加强在学术领域的作用力，保障学科建设。

学科服务从过去的以文献检索与借阅为主的基础服务，到现在的融入科研、教学一线，满足各类用户需求的个性化、知识化、智慧化服务，是顺应外部环境与需求不断发展变化的趋势的结果。学科服务以图书馆丰富的文献与数据库资源为载体，以满足学校师生和科研人员等服务对象的需求为核心，在教学、学习与科研过程中，不仅在其应用层面、决策支持层面、学科建设和信息技术等方面给予支持和保障，还需要为用户提供全面的数据与信息资源。

近年来，国内外高校图书馆开展的具体学科化服务，主要包括个性化服务、图书馆资源与服务宣传、学科文献建设、学科网络资源导航建设，以及各种形式的用户培训服务等。

二、学科化服务产生的背景

（一）用户学科化需求的驱动

高校图书馆的最基本的任务就是满足用户的需求，这一基本任务对提升图书馆服务能力具有十分重要的作用。随着用户需求模式和信息环境的变化，高校图书馆必须树立以用户为中心的理念，打破传统理念的束缚。

高校图书馆应以用户需求的智能化、知识化、学科化和个性化为出发点，将服务与用户需求有机地融合在一起，为其提供全面的、科学的学科化信息服务。高校图书馆开展学科化服务不仅为其理论探索和实践创新等提供了新的动力，还对高校图书馆的服务能力和手段提出了新的要求。由此可见，社会环境的影响，是高校图书馆学科化服务产生的根本原因和直接动力。

（二）图书馆学理论的推动

图书馆学理论的创新是推动高校图书馆发展的关键。高校图书馆为用户提供学科化服务，既是广大图书馆馆员结合长期的实践经验进行理论创新的结果，更是对图书馆工作经验的总结。从高校图书馆学科化服务的角度来看，其理论创新主要表现在：①学科化服务是对主动服务和个性化服务理念的驱动；②学科化服务是对图书馆策略、模式和机制等方面的探索；③学科化服务概念的提出。

（三）网络信息技术的发展

在网络环境下，传统的信息资源的获取难度和资源的不均衡性很难得到改善，而数字资源则使信息检索和获取十分便捷，并逐渐被用户所认可。面对海量的信息，用户所关注的是如何在复杂的信息环境中准确、快捷地获取解决问题的关键信息，这就要求高校图书馆必须对服务工作进行重新定位。

（四）图书馆发展的内在要求

随着高校图书馆的发展和用户需求的变化，其相应的服务也应不断提升和创新。学科和专业建设是高校建设的重要环节，在建设的过程中，学科性需求逐渐成为用户需求最显著的特征。因此，高校图书馆必须以用户需求为导向，对相关资源进行整合，为用户提供更为专业的信息服务。

（五）图书馆服务环境的变化

目前，我国高校图书馆面临两个方面的巨大压力：①受网络的影响，文献信息服务格局发生了根本转变，处于科技自主创新背景下的信息需求也产生重大迁移；②图书馆已不再是信息资源的唯一拥有者，商业性信息经纪人的崛起和出版商直接面向最终用户提供信息服务，导致高校图书馆原有的核心竞争力被削弱，在这样的大环境下，高校图书馆如何提升服务能力是其首先应解决的问题。网络出版改变了传统的学术交流模式，用户希望图书馆馆员能不断创新服务模式，形成以用户为中心的新型学术交流模式。

在此形势下，高校图书馆的核心能力逐渐转变为：①将图书馆工作深入为用户服务的全过程中的能力；②提升用户利用信息的能力；③基于用户需求和过程的深层次服务能力。

三、学科化服务的特点

（一）学科化服务是一种交互式的服务

学科化服务并不是基于图书馆的固有资源，而是一种交互式、动态的服务，要求高校图书馆以用户需求为中心，将服务渗透于用户解决问题的过程中，从而使服务内容与学术交流过程相适应。

（二）学科化服务是一种主动式的服务

高校图书馆在开展学科化服务的过程中，要充分发挥学科馆员的积极性和主观能动性，使其主动与对口院系进行沟通与交流，深入学科用户的科研课题中以挖掘用户实际需求和潜在需求，从而为其检索和整合相关的信息资源，并为用户提供相关的方案和对策。

（三）学科化服务是一种个性化的服务

综合来讲，学科化服务是以用户为中心的个性化服务。简而言之，学科化服务是信息提供者对已知身份的接受者主动进行的信息单向传递服务，也可以说是根据用户的需求，有针对性地为其提供能够解决问题的方案。因此学科化服务会因用户的需求不同而有所变化。

第二节 高校图书馆学科化服务开展的问题

一、学科化服务的价值分析

（一）有利于提高读者价值

读者从图书馆获取知识所产生的效益转移到社会各个领域，是图书馆读者价值产生、转化的过程。读者满意度的提高是实现读者价值的集中体现，开展学科化服务要求高校图书馆馆员必须与重点学科用户融为一体，通过全过程的信息集成服务，直接参与到读者的科研过程中，形成互动关系，不断拓展信息服务的广度和深度，从而实现读者价值。

（二）有利于提高图书馆的使用价值

高校图书馆的价值需要通过一定的使用价值体现出来，而不是单纯指其自身的经济价值和收藏价值。高校图书馆开展学科化服务的过程是图书馆馆员以用户为中心，利用自身的图书情报和专业知识，对馆藏信息进行选择、采集、加工、利用后为用户提供更深层次的服务。

（三）有利于提高图书馆馆员的价值

图书馆馆员的价值主要表现在馆员的物质和精神需要上，是指图书馆向馆员提供的一系列价值。高校图书馆必须要重视馆员价值的提高，其主要目的是使馆员具备更高的工作效益和忠诚度，提高人力资源服务的"投资回报率"，从而为社会创造更大的价值。

高校图书馆开展学科化服务不仅使自身从单纯的知识提供者转变为信息资源的建设者，还使馆员能够全面投入学科服务工作中。在这个过程中，图书馆馆员应积极与用户进行信息资源的整合与共享。例如，大学健康科学中心图书馆聘请生物学博士做学科馆员直接参与生物科学项目的工作，从而建立了专业的与生物信息科学相关的数据库。

（四）有利于提升图书馆服务的整体水平与服务质量

对于高校图书馆而言，学科化服务是一场变革，必须通过建立完善的服务模式来实现。可以分为两个方面：①高校图书馆开展学科化服务特别强调团队协作，既要求图书馆馆员具备较强的团队协作精神和责任感，又要求馆员必须在服务技能和学科专业知识等方面实现自我提高；②高校图书馆应重视建设能够保障"物"的基础，例如制定相关制度，引入计算机技术、通信技术以及不断更新硬件设施等。

二、开展学科化服务的必要性

（一）学科化服务能够满足用户的个性化服务需求

用户的需求随着社会的发展不断产生变化，网络时代的到来更是使用户获取信息的途径日趋多元化。图书馆仅为用户提供相关文献资源的服务已经无法满足其需求，而是要求图书馆为其提供更趋深层次化和个性化的服务，如为用户提供相关的知识或解决方案。

在这样的大环境下，高校图书馆必须向具备科学研究和信息服务双重性质的机构转变。由于高校图书馆的各项服务都是围绕用户需求而展开的，因此必须为其提供用途规划指向性强的信息服务。

（二）学科化服务是图书馆资源建设的必然要求

在开展学科化服务的过程中，高校图书馆既是服务的受益者，又是服务的主体，而读者则对服务主体的建设起指导作用。图书馆馆员与读者之间的互动沟通，不仅能充分体现以用户为中心的服务宗旨，还能有效避免采购的主观盲目性，从而加强各类资源采购的针对性，减少分散性，在极大程度上提高馆藏资源的利用率，使其更具实用价值。

通过开展学科化服务，促使高校图书馆与特定的读者紧密融合为一个整体，在促进图书馆自身馆藏资源和人力资源建设的基础上，为读者提供个性化的专业服务，将图书馆的改革推向科学化、个性化的发展方向。

（三）学科化服务是信息时代图书馆事业发展的需要

互联网的普及使用户信息需求发生了一系列的改变，导致高校图书馆必须通过提炼和加工各种信息资源，主动创新其服务形式，才能为用户提供更高层次的研究型的知识服务。

学科化服务是高校图书馆价值和意义的充分体现，也是其适应用户需求和时代发展的必然选择。在开展学科化服务的过程中，高校图书馆作为服务的受益者和主体，必须深入用户的科学研究之中，为用户提供专门化的学科服务，满足用户的个性化信息需求。并且在参与科学研究中加强图书馆的人力资源和馆藏资源建设，构建学科化服务制度。

（四）学科化服务是高校学科建设的必然要求

确立学科方向、汇聚学科队伍、构建学科基地是学科建设的根本任务。而在这一建设过程中，离不开高校图书馆的支持。高校图书馆学科门类齐全，是学校教学和科研的重要组成部分，在网络设备、专业人才和文献资源等方面占有很大的优势，不仅能为学科建设提供良好的物质基础，还能保证学科建设的有效实施。因此，高校图书馆必须针对各个学科开展学科化服务。近年来，随着信息化、数字化和网络化的飞速发展，学科化服务理念已成为高校图书馆的重要指导思想。

（五）用户对信息的需求具有明显的学科性

在校师生和科研人员是高校图书馆的主要服务对象，这类用户关注相关学科领域，他们的信息需求具有明显的学科性。如高校教师和科研人员为了完成某一项目，一般需要了解多个学科领域的研究成果与方法；面对竞争激烈的就业环境，高校学生也需要积极汲取多个学科领域的专业知识；经常利用网络的信息用户希望将分散在本领域和相关领域的学科知识加以集中组织，从中提炼出有利用价值的、具有创新思路的知识。他们也希望获得更多与学科专业领域内学者和同行交流的机会，并及时掌握本专业各方面的发展动态，而不至于落后于时代。因此，图书馆服务应该具有相应的学科针对性。

（六）学科化服务是高校提高学科建设水平的需要

学科建设水平是衡量高校办学质量和办学水平高低的重要指标之一，而图书馆所提供的智力支持和资源保障，对提高学科建设水平具有十分重要的作用。高校图书馆在开展学科化服务时，能够凭借其在人力资源和信息资源等方面的优势，根据科研人员的需要，为其提供有针对性的、深层次的，具有专业化和学科化特征的文献与知识服务，这是学科建设的有力物质保障。

三、高校图书馆学科化服务中存在的问题分析

（一）学科馆员人才队伍不足

由于学科化服务的内容具有科学性和专业性等特点，因此对高校图书馆馆员的综合素质要求较高，需要具备专业化知识和高素质的学科馆员队伍来为用户提供相应的服务。目前，我国大部分高校图书馆馆员的文化水平和业务素质

参差不齐，馆员普遍缺乏学习和深造的机会。除此之外，高校图书馆还没有形成良性的人才流动机制，导致人才引进速度远远小于流失速度。由此可知，馆员素质偏低是阻碍高校图书馆学科化服务实施的关键因素。一般情况下，我国学科馆员服务的对象一般以学院或学科大类为主，并且每个图书馆所设置的学科馆员人数较少，导致个别学科馆员需要负责多个学院和系的知识服务，因此只有具备较高素质和深层次专业知识的馆员才能更好地开展学科化服务。例如，哈佛大学法学院图书馆的馆员一般同时服务于几个教授；清华大学图书馆服务的学科有许多种，但其只设置了一位馆员。

（二）存在学科知识障碍

高校图书馆在开展学科化服务的过程中，普遍存在学科知识障碍的问题。当代高校图书馆需要的是具备外语高水准、计算机技能、图书馆多年工作经验和高水平的学科专业知识的高级人才，但是，这样高素质的学科馆员在国内较少。由于学科馆员与学科用户之间的知识和地位存在着一定的差距，所以学科馆员是否具有与其高水平、高素质的角色相对应的学科知识，是学科用户是否愿意接受图书馆学科化服务的重要因素之一。

（三）缺乏针对性和科学性

虽然高校图书馆开展学科化服务的推广程度在不断提高，但是由于高校图书馆在学科化服务初期忽视了制度建设，导致其在提高学科化服务推广程度的过程中缺乏应有的针对性和科学性。从规章制度管理的角度来看，大部分高校图书馆只对学科馆员的职责制定了要求，并没有明确其他配套的规章制度。在具体运作上，这些图书馆的学科化服务效果往往不尽如人意，甚至会处于停滞状态。

（四）缺乏共享机制

高校图书馆所储备的丰富馆藏资源和现代化网络设备是开展学科化服务的基础。如国外许多高校图书馆已经形成了图书馆的联合体，各个馆不仅拥有发达的网络信息技术和丰富的馆藏资源，还通过与其他馆的合作进行联合出版，为学科馆员的服务提供了便利的服务平台，实现了智力资源和数字资源的高度共享。

与国外高校图书馆相比，我国高校图书馆的馆藏资源还比较稀缺，如外文资源。除此之外，由于各个馆的运作方式和标准的差异，我国还未形成一个全国规模的图书馆信息网。

（五）高校图书馆信息资源服务欠缺广度

信息资源是教学和科研的重要依托。随着信息化时代的到来，学科用户对信息资源的利用方式逐渐由传统的印刷型资源向电子资源转变，因此对高校图书馆所提供的信息的快捷性、全面性、针对性等提出了更高的要求。

（六）存在信息垃圾现象

在互联网带来的海量信息资源中，学科馆员在搜集、整理相关学科资料和网络信息时，难免会出现垃圾信息泛滥的现象。这就要求学科馆员在熟练掌握专业知识的前提下，学习图书情报的专业技能，从而在为用户检索、整合信息的过程中能够快捷、准确地筛选符合用户需求的相关信息资源，避免产生大量无用的信息，保证学科导航的质量。

第三节 高校图书馆学科化服务模式的构建

一、学科化服务模式的构成要素

（一）共享知识库

主要是指以知识单元为基础储存对象，以网络信息资源、数据库数据、纸质文献和特定学科的专家等为知识来源，利用计算机来表达、存储的特定领域的知识集合。作为学科化服务模式的重要组成部分，共享知识库既包括学科馆员运用自身的隐性知识解决用户特定问题的知识成果，又包括学科馆员在服务用户的过程中提出问题后从而寻求到的显性知识。高校图书馆将这些知识录入知识库，并对其进行一定的整理和加工，使其形成更高层次的知识产品。

综上所述，学科化服务既是图书馆与外界加强沟通联系的纽带，同时也是用户和馆藏资源之间交流的渠道。学科化服务作为高校图书馆的创新模式，主要目的是确保用户科研、教学工作的顺利进行，给用户提供所需要的各类信息产品。学科馆员的智力劳动和体力劳动是开展学科化服务的关键。

除此之外，随着信息环境的网络化和数字化，学科化服务模式逐渐向以用户需求为驱动的个性化、动态化转变的服务模式。这就要求高校图书馆必须构建信息个性化并且集全方位服务为一体的学科化服务模式。

（二）信息资源库

高校图书馆建设信息资源库不仅是学科馆员的首要任务，还是其开展工作的物质基础，主要包括虚拟馆藏和实体馆藏两个方面。一般情况下，信息资源库的组织、管理均按照学科分类进行，其内容主要包括数字化对象、科研活动中创造的其他智力产品、各种思想和经验的总结、软件产品和相关资料、实验数据和结果、工作报告、学术和学位论文等人类显性知识，以及网络资源、学科专家库、各种信息检索系统、馆藏资源库等。

（三）学科馆员

学科馆员是学科化服务的重要组成部分，是学科化服务的主导。学科化服务要求学科馆员不仅要有图书情报知识，还要具备相关学科知识背景，为用户提供个性化的知识服务，要参与到学科化服务的全过程。学科馆员需要收集、整理、组织和开发学科信息资源，解答来自用户的学科知识疑问，把繁多的信息进行分类整理后提供给用户。

（四）学科化服务用户

学科化服务用户主要指通过知识媒介获取或接受知识的人或组织，是高校图书馆工作的基本要素之一。教师和学生是我国高校图书馆学科化服务的主要对象，其需求通常以专业的教学、学科信息资源为主。在学科化服务模式中，用户是高校图书馆学科化服务的激励者和促进者，是学科信息的消费者和需求者，同时也是学科知识创造的提供者。

（五）学科化服务智能化平台

智能化平台是一个以用户需求为驱动的平台，作为高校图书馆学科化服务不可缺少的重要组成部分，逐渐成为用户与学科馆员进行沟通的桥梁。学科用户可以通过这一平台获取学科化服务，学科馆员也可以通过这一平台提供服务。学科化服务的组成部分、提供的学科服务内容都体现在这个平台上。

二、学科化服务模式的构建原则

（一）服务内容知识化、创新化

高校图书馆在开展学科化服务的过程中，应要求馆员在最短的时间内为用户提供符合需求的信息内容。这就要求学科馆员必须有针对性地检索相关信息，并结合自身的专业知识对信息资源进行筛选和加工，从而形成具有创新性的专业知识内容，满足用户需求。

（二）服务人文化、个性化

"以人为本"的服务理念是学科化服务的核心理念，即以用户为中心，最大限度地满足其需求。这就要求高校图书馆馆员必须针对用户个人的特点、行为、癖好、习惯等，采取多元化、创新式和主动式的学科服务方式，从而更好地满足用户多样化的需求。

与传统的参考咨询服务相比，学科化服务是从学科角度构建的、系统的知识服务，是一项主动参与式的创新服务。它作为一种新的服务模式和服务机制，专门为用户提供具有个性化的知识服务。目前，我国高校图书馆的学科服务仍处于发展阶段，需要注意以下几个问题。

1. 网络服务方面

高校图书馆应将各种学科化服务内容进行整合，从而形成一站式的服务平台和界面，充分利用网络通信工具如微博等为用户提供个性化的学科化服务。

2. 加强学科馆员队伍建设

高校图书馆应积极引进具有较深学科背景和较强专业文献检索能力的人才，不断加强高素质、高水平学科馆员队伍的培养。

3. 要注重读者信息素养的培训

读者信息素养是高校图书馆顺利开展学科化服务的重要保障。目前，我国大部分读者普遍存在缺乏文献利用、检索技能的问题，因此高校图书馆必须重视对读者进行信息素养的培训，从而使学科化服务产生更大的价值。

4. 形成以用户为中心的服务模式

在学科化服务中，图书馆馆员占有主导地位，必须充分了解对口院系的科研动态，紧跟学科前沿，并以用户为中心，充分了解用户的学科需求，积极参与到专业文献资源的建设中。

（三）服务过程全程化、一体化

高校图书馆在开展学科化服务时，应要求学科馆员及时对用户需求进行相关调查和分析，积极与用户进行沟通，全程参与和跟踪用户的教学、科研活动，发现问题并及时地解决问题，急用户之所急，想用户之所想，在自己的服务范围内与用户协同配合、开展服务。

（四）服务人员专家化、团队化

学科化服务对高校图书馆馆员提出了更高的要求，在保证具备专业学科知识的前提下，还必须具备丰富的外语知识、人文知识、计算机网络知识和图情专业知识等，能够综合利用所掌握的知识为用户提供解决问题的方案。除此之外，学科化服务还要求馆员加强团队合作，树立团队意识，从而充分发挥每个成员的作用，形成专家化、团队化的服务结构。

三、高校图书馆学科化服务模式

学科化服务没有既定的模式，各国图书馆可根据本国国情、本馆馆情采用相应的服务模式。但从目前国内外高校图书馆学科化服务的实践和发展来看，主要可以划分为基于服务形式的学科化服务、基于组织方式的学科化服务、基于服务内容的学科化服务三类。

（一）基于服务形式的学科化服务

1. 学科馆员服务

在国内，学科馆员服务有学科馆员—图情教授式、兼职分散式、专职分散式和混合式四种。

（1）学科馆员—图情教授式

主要是指在图书馆内选择若干具有相关学科背景的馆员作为对口学科馆员。图情教授是指从学科的角度在各个院系聘请的图书馆顾问，其任务是与图书馆馆员配合为图书馆提供学科发展动态和相关文献信息需求。学科馆员和图情教授应定期或不定期地进行信息交流，图书馆在购置文献资源特别是重大文献资源时需事先征求学科图情教授的意见。例如，清华大学图书馆为与学科馆员的职责相适应，拟定了图情教授的工作职责：①建议与反馈。图情教授应及时向图书馆反馈教师的意见和建议，并为图书馆的发展献计献策。②资源建设。图情教授应把握馆藏调整方向，积极推动图书馆与院系合作购买文献信息资源。③指导学科服务。图情教授要与学科馆员保持密切的联系，为学科化服务的开展把握重点研究方向。④查新专家顾问。在该模式下，学科馆员与图情教授之间为协作关系，两者互相合作、互相协调，为对口院系师生的工作和学习提供优质服务。该模式的优势在于有利于图书馆与院系的沟通，能够弥补学科馆员专业知识方面的缺失；而不足之处是由于图情教授工作繁忙，投入学科化服务的精力和时间十分有限，因而容易造成有些高校的图情教授形同虚设。

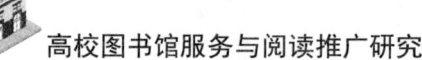

（2）兼职分散式

主要是指分散在图书馆现有的信息技术部、信息服务部、流通阅览部、采访编目部等部门，而不是成立专门的学科馆员机构。兼职分散式要求高校图书馆合理选择学科馆员进行兼职服务。

学科馆员在兼职分散模式中的职责主要包括：①开展相关咨询服务；②开展用户教育工作，积极开办培训讲座；③负责与教师和资料室联系，通过沟通，全面地了解教师对教学和科研相关信息的需求；④定期了解图书馆学科化服务的开展情况，并积极向用户征求意见；⑤熟悉本馆有关学科的馆藏情况和使用方法，如数据库、工具书、书刊等；⑥协助编写各类宣传材料和服务措施。该模式的优势在于可以在各业务部门中选拔既有经验和业务基础，又有学科专业背景的人员担任学科馆员。不足之处在于学科服务人员较为分散，不便进行经验交流，投入学科化服务的精力和时间较少等。

（3）专职分散式

主要是指高校图书馆设立专职的学科馆员，并使其服务于不同的业务部门。现实中，学科馆员在进行学科化服务的同时也在积极地深化分馆服务，这种服务不仅能够拉近各个院系与学科馆员之间的关系，还能促进各院系、学科各项工作的开展。例如，北京师范大学图书馆于2003年开始实施学科馆员制度，并经过不断的探索和实践，建立了分馆馆员与专职学科职员相结合的模式。

在该模式下，学科馆员的工作内容包括：①主动为院系师生提供资源推介服务；全面负责本学科资料室的管理、服务和资源建设工作；③掌握图书馆资源及服务的动态，及时为教师推介图书馆服务，并根据教师所研究的专业领域，为其提供创新性的信息资源；④充分利用互联网的优势，搭建图书馆与本校师生互动的平台，如建立学科资料室网站或分馆网站等；⑤及时掌握本学科最新资源出版动态，保持与院系负责人的联系，逐步建立相对完善的学科信息资源体系；⑥积极开展本学科教师培训。

（4）混合式

混合式主要是指专职、兼职相结合的模式，即对一些较小的学科采用设立兼职学科馆员的方式，对于重要的学科则采用设立专职学科馆员的方式，保证学科馆员拥有充沛的精力和时间为图书馆用户服务。混合服务模式具有灵活性的特点，一个学科馆员能够同时承担为几个学科服务的工作。

2. 学科知识库服务

学科知识库主要是指以知识单元为基础存储对象，利用计算机存储、管理等功能为用户解决相关学科问题。其知识来源包括互联网资料、数据库数据、纸质文献、有经验的专家等，是以知识处理为基础的知识应用系统。

学科知识库不仅能够直接为用户提供其所需的专业知识，还能有效提高知识的针对性和利用率。学科专题知识库的建立可以使知识有序化，实现图书馆对用户知识的有效管理，促进学科知识的共享与交流；同时还有利于服务向自助式、个性化、网络化的服务方式过渡，实现知识使用者之间的协作与沟通。

学科知识库主要以 FAQ（Frequently Asked Questions，常见问题解答）的形式为主，在建设时需考虑以下几点。

（1）合理分类，层次清晰

用不同的学科主题对 FAQ 问题进行科学合理的归类，有助于用户通过分类浏览快速找到所需资料，同时有助于从整体角度认识图书馆学科化服务工作。FAQ 问题的归类从便于用户使用出发，如以学科大类为分类，下面再细分成一般问题、学科资料查找、学术资源信息门户、常用学科名词术语等类别，并在这些类别下再细分若干小类。

（2）提供浏览和检索相结合的查询方式

近年来，FAQ 库中存储的问题日益增多，用户在浏览、查询相关问题时十分复杂，用户界面的友好性大为降低。采取浏览和检索相结合的查询方式，能够有效节省图书馆相关的人力和财力，同时也能保证学科咨询服务的效率。

（3）FAQ 库的建设具有学科化服务特色

高校图书馆在对学科专业问题进行筛选和归纳时，一般情况下均由本馆或馆外聘请的专家来处理，极大地提高了学科知识的专业性，为学科知识库的建立奠定了基础。

3. 学科知识推送服务

学科知识推送是个性化信息服务的一种主要形式。它根据用户的学科分类，按用户提供的检索条件利用信息推送技术把信息自动送到用户面前，实现信息找读者。学科馆员不仅需要根据用户的心理倾向、行为方式、信息需求和知识结构等方面的信息，有针对性地满足用户的个性化需求，还要为其创造良好的信息服务环境，帮助用户建立个人信息系统。学科知识推送服务是一种具有主动性、人本化和个性化的服务方式，在图书馆已购数字资源的基础上，为用户提供实时资讯服务，向用户推荐教学、科研所需要的资料是学科知识推送服务的主要目的。从图书馆馆藏资源中为用户检索需要的文献，并利用电子邮件、电子表单、IM 即时通信工具以及其他一些 Web3.0 的网络技术工具，开展实时或非实时信息推送服务。

4. 学科信息导航服务

主要是指以学科为主题，根据重点学科用户的信息需求，由学科馆员将相关资源加以筛选、归纳和有序化。信息主要来源于被 SCI、EI 收录的核心期刊、专业的网站和报纸，资源收集的范围包括综述信息、科研动态信息和国内外各种学术信息等。用户通过高校图书馆建立的有序化、多层次、全方位的信息资源导航系统，能够准确、便捷地检索到所需要的文献信息。

目前，国内外许多图书馆有将网络信息资源进行选择、整理后提供给用户的网络学科导航服务，主要包括三种形式，分别为：①专业学科资源导航数据库。主要是指对学科化资源进行较深层次的搜索并将其转化为有序的信息产品，具有很多大型学科导航数据库配置检索引擎，它将收集到的专业数据库分类组织链接，使用户通过输入相关检索词或检索式便能查询到其需要的信息。②学科常用资源导航。选择的资源类型一般包括著名公司、研究所、高校等学术机构站点，大型图书馆网站、学术期刊导航、国内外重要网络搜索引擎，以及与本馆学科服务密切相关的专业网站等。③学科推荐性的导航服务。主要是指对信息资源动态进行报道，不仅能够为报道加上介绍文字，还能将内容做成链接。

（二）基于组织方式的学科化服务

基于组织方式的学科化服务主要有学科分馆服务、协同式学科化服务和团队式服务三种。

1. 学科分馆服务

目前，国外许多大学图书馆都按学科建立分院，每个分院又组建学科图书馆，以支持特色资源建设和满足学科个性化需求。在这里，学科分馆以学科为单元。该分馆主页上建立学科链接，把图书馆内外的学科资源进行组织、有序化，建立目录式资源体系，为用户提供学科资源导引和学科导航系统。

（1）设置学科分馆的优势

设置学科分馆的优势为：①学科分馆向全体师生开放，方便读者，有利于提高信息资源的利用率；②馆藏文献资源通常按照学科专业集中在特定的馆内，为用户查找和使用资源提供了一定的便利；③馆员能够准确把握读者对资源的需求，为图书馆购置优质文献资源提供参考，从而有效提高资金效益；④便于馆员、读者、馆藏之间的沟通和了解，有利于高校图书馆对该专业教学、科研工作的整体把握，从而有针对性地为其提供相应服务。除此之外，这一模式还为馆员提供参加专业学术会议、获得各种灰色文献资源的机会。

（2）学科馆员在学科分馆模式下的工作职责

"学科分馆—学科馆员"组合模式下学科馆员的工作职责包括以下几个方面。

①建设优质的学科文献数据库。学科馆员需要通过获取内部各种有学术价值的学科文献、其他报刊中的专业文献和公开出版的优质专业报刊等资源，通过截取选录的方式对这些资源进行加工，提取原始文献中有价值的结论、事实、数据、方法、观点等。

②疏通双向交流通道。高校图书馆设置服务热线，并且公布学科馆员的电子邮箱，为用户提供能够予以反馈的通道。

③主动与对口院系进行沟通，从而掌握该院系教学的进展情况，满足师生的个性化需求。同时还要积极跟踪学科重点科研课题，查找各种有价值的信息源，将最具价值的资源提供给科研人员。

④定期收集、归纳本学科不同层次用户的信息，为图书馆购置纸质资源和电子资源提供方向；及时了解对口院系课程设置情况，帮助搜集、整理相关信息，并以目录的形式展示在电脑终端主页上。

2. 协同式学科化服务

学科化服务具有不确定性、多元性和复杂性等特征，属于知识创新的深层次服务，因此高校图书馆必须积极引入协同机制。协同式学科化服务主要是指学科馆员通过与馆外协作成员、用户代表、其他馆员进行多方位、多渠道、多形式、多层次的协作，根据用户的具体问题和学科环境，为用户提供能够支持知识创新和知识应用的深层次服务。

（1）协同式学科化服务的主要特征

①以双向协同为动力。主要是指参与协同的各方都是协同的策划者和受益者，是一种双向协同。

②以多要素聚合为对象。主要是指基于人力合作、技术和资源的全方位合作，协同的内容主要包括信息基础设施、信息服务技术、人力资源、信息服务、信息资源等，是一个有机运行的整体。

③以互动合作为途径。主要是指学科馆员与其他协同成员通过整合、合作等方式来实现学科化服务。

④以服务创新为导向。通过协作实现服务效能质变是协同式学科化服务的最终目标，主要是指通过合作提供知识创新服务保障的过程。

（2）协同式学科化服务的类型

①学科馆员团队内部协作。学科馆员团队由具有一定数量和共同目标的、富有创新精神的、专业互补的高素质馆员组成，是学科馆员与其他相关成员做好协同的基础，也是协同式学科化服务的主要方式。在知识管理环境下，团队是提供隐性知识积累、创新的有效形式，随着用户对专业化服务要求的不断提高，学科化服务必须依靠集体智慧形成规模化整体效应。

②学科服务馆际协作。主要是指按所属系统自愿组成的图书馆联合体，以联合服务平台为依托，开展学科化联合服务。目前，高校图书馆已经开展的协作式数字参考咨询、文献传递、馆际互借等，为学科服务馆际协作奠定了基础。除此之外，各个高校图书馆还可以在工作思路、宣传手段、活动策划、组织管理等方面形成互动。

③学科馆员与用户代表协作。在学科化服务的整个过程中，用户占据了十分重要的地位，且具有较大的挖掘潜力。这就要求学科馆员需要通过整合用户群体中的各种资源来提高学科服务水平。但由于用户是一个庞大的群体，学科馆员在与用户沟通方面存在较大困难，因此必须加强与用户代表的协作互动。在与教师代表协作方面，主要是指学科馆员与教师在参考咨询服务、学术资源系统开发、学术研究、信息素养教育、学科资源建设等方面展开协作。例如，上海交通大学图书馆推出的特色科研信息专员培训服务等。在与学生代表协作方面，主要采用学科馆员—学生顾问制度，即设置学生顾问，使之及时反映所在院系师生的信息需求，协助学科馆员在所在院系开展讲座培训、参考咨询、需求调研等学科服务，如清华大学图书馆、厦门大学图书馆等均设置了学生顾问制度。

④学科馆员与书商、数据商协作。学科馆员与书商协作主要体现在举办书展方面，通常由图书馆提供场地，由书商提供图书，两者合作在校园内举办书展。这样既可以让书商销售出更多的图书，也可让图书馆购买更多符合读者需求的图书。

3.团队式服务

随着信息环境的复杂化发展以及用户对专业化服务要求的不断提高，单个馆员独立式工作已很难满足用户的深层次需求。这就有必要组建由多种类型人员组成的工作团队，分别负责学科联络、知识组织、情报研究、个性化服务等任务，在协同工作的基础上，提供系统化、深层次的学科服务，这便是团队式工作模式。马丁早在1996年就提出学科馆员团队的思想，他认为将来最终给用户提供的服务是十分系统化的内容，它是多种类型信息服务的集合，一般意义上的学科馆员将不复存在，取而代之的是一种拥有新的组织结构、基于功能化协作的学科馆员团队。

团队式工作模式特别适合为协作式科研提供服务。在网络环境下，虚拟项目组、基于网络的开放研究群体等被人们广泛接受，它们具有学科领域广泛、研究群体动态变化等特点。因此，根据项目需求，从不同地区、不同学科领域动态抽取学科馆员组成服务团队将更具可行性。在这种需求驱动下，学科馆员团队将会从单一的图书馆内部协作走向与馆外的分布式网络协作。目前，主要有以下几种团队式服务。

（1）固定型团队模式

固定型团队模式由几个学科服务人员组成固定的服务团队，每个学科团队服务于一个或多个学科院系，学科团队由学科馆员、咨询馆员、辅助馆员组成。固定型团队模式的特点在于采取学科馆员负责制，赋予学科馆员更多的职权，在工作中提高学科馆员的管理能力。同时，不要求学科馆员具备所有的能力，团队成员之间可以进行互补，如学科馆员更强调组织领导能力，咨询馆员更加强调专业知识能力，辅助馆员可能更善于沟通与宣传。

固定型团队模式典型的成功案例有上海交通大学图书馆。上海交通大学图书馆读者服务总部按大学科划分为理学部、工学部、文学部三大学部，每个学部下再按一级学科细分为若干个固定学科团队，每个团队平均由1名学科馆员、2名咨询馆员和若干辅助馆员组成。

（2）互补型团队模式

由于固定型团队也可能出现人手不够或学科交叉的情况，因而互补型团队模式在固定学科服务团队的基础上，由2～3个固定型学科团队之间小范围协调，将学科化服务人员按特长进行分工、确定职责，以各人之长来开展服务，如团队中可以培养学科馆藏资源建设专家、信息素养培训专家等。

这种模式的特点是分工科学合理，不追求全能型馆员，力求最大限度地实现馆员能力的共享。也有图书馆在不同部门之间组建互补型团队，如来自读者服务部门和采访编目部门的馆员就可以采取合作协同的方式，发挥各自的特长，同时也弥补了人力的不足。

（3）拓展型团队模式

拓展型团队模式与个体模式中的院系协助型模式相似，团队模式组建也可获得院系的支持，特别是科研团队的支持，因此此种模式也可称为"嵌入型团队模式"。

（三）基于服务内容的学科化服务

国内外高校图书馆学科化服务的内容因具体情况有所侧重和不同，但从总体上来说，不外乎以下几个方面。

1. 学科资源建设

高质量的学科文献信息资源是图书馆开展高效学科服务的基础，也是学科建设和教学科研的保障。学科信息资源内容的评价和选择是文献信息资源建设的核心，我国高校图书馆传统文献类型组织资源建设的模式已经无法满足用户专业化知识的需求，因此必须向学科专业组织资源建设转变。

目前国内外图书馆学科化资源建设可分为以下三种。

（1）传递式

在资源建设中，学科馆员主要起联络、传递的作用。学科馆员需要积极与用户进行联络，掌握用户资源需求，并反馈给图书馆的采访部门，这也是我国高校图书馆最常用的类型。

（2）主导式

主要是指由学科馆员全面承担学科资源建设的统筹责任。学科馆员主导的学科资源建设已经成为高校图书馆学科资源建设的发展趋势。高校图书馆在以学科馆员为主导的学科资源建设中，还需重点明确院系用户、采访馆员和学科馆员之间的关系，以及各自发挥的作用。

（3）介入式

馆员在完成院系用户需求传递的前提下，还需要参与部分类型文献资源的筛选工作，并拥有部分资源的采选决策权。

2. 参考咨询服务

参考咨询服务是高校图书馆工作中一项十分重要的工作。随着网络时代的到来，高校图书馆以丰富的馆藏资源和网络资源为依托，由具备一定专业知识的图书馆馆员针对网络用户的需要，将已经进行归纳、加工的馆藏资源和网络资源以在线问答等形式提供给用户。

参考咨询工作的咨询工具、咨询模式、咨询环境等方面，受网络技术和信息技术的影响发生了巨大的改变。图书馆接受咨询问题与解答咨询问题的方式从面对面的传统咨询方式扩展到网上咨询服务。新的服务策略将为用户提供有价值及实效性、针对性强的图书馆参考咨询服务,主要包括互动咨询、可视咨询、在线咨询、实时咨询等。其中,合作参考咨询极大地提高了咨询服务的质量,对传统参考咨询服务而言是一个质的飞跃。

合作参考咨询服务由多个图书馆或情报咨询机构建立协作关系,通过利用自身的人才优势和信息资源特色为用户提供全天候的数字参考咨询服务。其优势在于:①它不仅能够改善图书馆专业咨询人员不足的情况,而且可以把学科馆员从烦琐的咨询服务中解脱出来;②参考咨询服务属于虚拟服务,具有公益性、广泛性、开放性和实时性等特点,且不受时空限制,能够使读者及时得到自己想要的答案;③它能以统一的标准为用户提供咨询服务,减少咨询答案不完整、不统一、出错的现象。目前,我国已初步建立了几个合作参考咨询系统,主要包括网上联合知识导航站、联合参考咨询与文献传递网和CALS虚拟参考咨询服务系统(CVRS)等。

高校图书馆的参考咨询服务是一个灵活的、个性化的信息获取方式,与传统的参考咨询服务相比,虚拟参考咨询服务突破了时空的限制,用户可以随时随地获取其想要的信息资源。该服务实现了用户与学科、专家知识连接,具有交互式、问答式、灵活性等特点。

3. 学科信息素养教育

为用户提供信息素养教育也是学科馆员一项十分重要的工作,该服务主要包括参与课堂教学、信息素养课程设计等方面。目前,国外高校图书馆的信息素养教育服务十分完善,这些高校图书馆的馆员不仅积极与教师共同探索基于学科专业课程的服务模式,还将信息素养教育纳入正式的教学中,逐渐向学科信息素养整合教育的方向发展。

学科信息素养整合教育是指以学生为中心,将信息素养贯穿于课程的全过程,充分发挥学生的积极性和主动性,使其自觉地运用所学知识进行意义构建。在这种模式中,教师和图书馆馆员是教学过程的指导者、意义建构的帮助者,而学生则是知识的主动建构者。

学生通过学科信息素养教育不仅可以获得终身学习的能力,还能获得大量的专业知识,主要可分为两种方式:①由馆员和教师共同讲授相关知识。这种

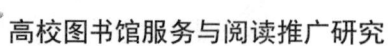

方式需要教师和馆员进行一定分工,即教师主要负责介绍与学科研究相关的研究方法,馆员则主要负责介绍基本的信息检索和评价技能。②由馆员培训教师信息素质技能,教师再将自身所学的知识融入日常教学中。

第四节　高校图书馆学科化服务的加强途径

一、建设学科专业信息资源库

由于网络信息十分丰富且内容杂乱无序,用户在检索信息资源时,往往需要较多的时间进行信息筛选。因此高校图书馆的学科馆员需要对各类学科文献进行全面的分析和归纳,从而为用户的教学和科研提供专业信息导航。

除此之外,高校图书馆应针对学科教学和科研的需要,发挥自身的检索技术优势,有重点地开发有关信息,综合应用各种最新的信息技术,帮助用户筛选有价值的学科信息,将结构化、有序化、针对性强的知识提供给学科用户。这就要求高校图书馆必须与其他馆和学科骨干建立密切的联系,形成区域性、全国性的图书馆联盟,从而有效地保证文献采购的质量。

二、切实提高学科馆员的素质

学科馆员是学科化服务的主要提供者,其能力和素质决定了学科化服务水平的高低。因此,高校图书馆必须将提高学科馆员的素质和能力作为提高学科化服务水平的重要途径。在开展学科化服务的过程中,学科馆员作为核心工作者,主要负责学科信息的检索、归纳和加工等方面的工作,要求馆员不仅要有对口学科的专业背景,还要熟悉图书馆的各项业务和专业知识。

目前,我国高校图书馆馆员整体素质水平较低,无法满足用户对学科馆员的素质要求。因此高校图书馆应从两个方面优化学科服务队伍结构。一方面,高校图书馆应加强复合型人才的引进;另一方面,高校图书馆应加强对学科馆员的培训,为其提供学习机会,不断提高馆员的综合素质。

三、与用户建立密切联系

用户只有了解高校图书馆和学科化服务才能更好地接受服务,因此高校图书馆必须加大宣传力度,与用户建立密切的联系。高校图书馆通过利用各种媒介,如宣传栏、报纸、微信、短信、广播和网络等方式,向在校师生、社会读者宣传本馆的服务方式、服务项目，以及各种文献信息资源。同时，通过与用户建立密切联系，全面了解用户的需求，并加以分析，从而更好地为用户提供专业的学科化服务。密切双方的联系能促使学科化服务质量不断提高。

除此之外，高校图书馆还要针对不同用户开展具有学科特色的专题讲座和技能培训。针对对口学科用户，高校图书馆应不断提升学科用户对本学科信息的获取能力，为其提供一系列直接帮助，如实时咨询、电话咨询、当面咨询等。针对一般用户，高校图书馆可以通过开设文献检索课程、专题讲座和提供网上咨询等服务，向用户介绍各种检索工具的使用方法和本馆的馆藏资源，使其掌握各种数据库的检索技巧。

四、建立并完善学科用户服务档案

我国高校图书馆肩负着为学科用户建立服务档案的任务，必须不断提高本馆知识服务的针对性。用户档案内容主要包括专家及骨干教师的最新研究课题、联系方式和学术专长等方面的信息，并及时对信息库内容进行更新，保证用户能准确按照自身需求寻求相关服务。在建立学科用户服务档案的过程中，高校图书馆应对各院系的教学、科研进展以及文献资源需求进行一定的调研，充分了解重点学科的研究内容，并与用户共同商议学科文献信息资源的建设方向，保证教学、科研活动的顺利开展。

第四章　高校图书馆社会化服务

高校图书馆开展社会化服务是国家的要求，也是社会大众的需求，更是高校图书馆自身发展的有效途径。本章主要分为国内外高校图书馆社会化服务比较、高校图书馆参与社区公共文化服务、高校图书馆社会化服务的实现路径三部分。主要内容包括：国外高校图书馆社会化服务现状、高校图书馆开展社会化服务的对策、高校图书馆参与社区公共文化服务的方式、高校图书馆参与社区公共文化服务的对策、探索高校图书馆社会化服务的创新模式、提升高校图书馆社会化服务能力总量等。

第一节　国内外高校图书馆社会化服务比较

一、我国高校图书馆社会化服务现状

20世纪90年代初，我国各个高校图书馆陆续开始针对社会化服务的研究。但由于各界对该研究不够重视，高校图书馆的社会化服务长时间停留在理论求证阶段。近年来，高校图书馆的社会化服务引起了国家的高度关注，并给予其积极的鼓励，使高校与社会的联系日益紧密。

（一）服务对象设置

我国高校图书馆社会化服务的对象以团体为主，主要包括学校所在地的政府机关、企业、科研机构、中小学校、部队等几种类型单位的科技人员。

（二）国内高校图书馆社会化服务形式

1. 限制性开放

随着高校办学体制的变革，我国高校图书馆纷纷开展了社会化服务，但是

大部分高校图书馆仍处于提供限制性服务的阶段。主要体现在对用户身份、使用时间和资源开放等方面的限制：①身份限制。主要是指高校图书馆对读者身份的限制，即有选择地向特定社会成员开放。②时间限制。高校图书馆的主要任务是为高校师生提供信息资源，一般情况下，高校图书馆向社会读者开放的时间，需要根据该校师生使用图书馆资源的时间特点而定。例如，双休日、寒暑假等。③资源开放限制。一般情况下，高校图书馆只为社会用户提供远程培训和虚拟服务，如文献传递、信息咨询等。

2. 与公共图书馆或者社会机构合作

为实现高校图书馆与公共图书馆或社会机构之间的资源共享和优势互补，其合作方式主要包括以下几种。

①与公共图书馆共建分馆。例如，首都图书馆分馆是由首都图书馆与北京工业大学图书馆合作建立的。

②公共图书馆共建图书馆联盟。例如，吉林省图书馆联盟是由长春中医药大学图书馆、吉林农业大学图书馆等13所科研系统、高校系统、公共系统图书馆共同发起成立的。参与图书馆联盟的高校图书馆可以在多个方面进行合作，如联合采购、成员馆之间通阅、联合参考咨询等。

③与公共图书馆或社会机构开展业务合作。例如，上海东方房地产开发公司投资建设了计算机教育中心，并交于华东师范大学图书馆进行管理，同时为该公司和高校服务。

（三）国内高校图书馆社会化服务内容

1. 信息咨询服务

信息咨询服务主要包括代查代检服务、科技查新服务、课题查新服务和定题服务等，主要根据信息用户提出的各种问题，在其进行检索、归纳、分析信息的过程中提供相应的咨询帮助。

2. 借阅服务

高校图书馆向社会公众提供的最基本服务便是文献借阅服务，并且普遍存在于国内多数高校中。例如，南京信息工程大学、海南大学、复旦大学、北京大学、厦门大学图书馆；信阳师范学院图书馆；南开大学、清华大学、浙江林学院图书馆；深圳大学图书馆等。

3. 信息加工服务

政府和企业单位是高校图书馆提供信息加工服务的主要对象。高校图书馆按照专题对本馆丰富的资源进行分类、加工、研究，从而增加原有信息的价值，创造更多的经济效益。我国高校图书馆发展时间较短，目前仍然处于模仿、探索的阶段，与国外的高校图书馆相比存在着较大的差异。从深度层面来看，我国高校图书馆的社会化服务以信息咨询服务为主，能够充分利用高校资源进行深层次信息加工的服务较少；从广度层面来看，我国高校图书馆社会化服务的主要对象是政府和企业用户，并且对社会读者有身份、时间等限制，与国外高校图书馆相比，服务范围较窄。除此之外，国内高校图书馆的社会化服务以一种或少数几种服务为主，结构单一，具有一定的局限性。

二、国外高校图书馆社会化服务现状

（一）服务对象设置

国外十分重视高校图书馆的发展，大部分图书馆无论是整体发展水平，还是向社会开放的程度，都远远高于我国高校图书馆。例如，美国公立大学图书馆，社会用户可以自由进入图书馆；哈佛大学图书馆原则上不对外开放，但实际上对市民的限制并不严格，等等。

（二）国外高校图书馆社会化服务形式

1. 准开放型

近年来，国外高校图书馆对外开展社会化服务主要采用准开放型服务形式，即高校图书馆对读者用户进行身份划分，不同的身份所拥有的权限不同，一般情况下将其划分为共享组织成员、其他高校师生、访问学者、游客、市民、校友等。馆内阅读是不收取任何费用的，用户只需出示证件便可进入。但外借图书时，则需要支付一定的费用。

2. 完全开放型

主要是指用户无须出示任何证件便可进入图书馆，即不对用户身份进行限制。与准开放型相比，完全开放型外借图书只需进行相应的登记，不必支付费用，并且社会用户与校内读者的阅读权限基本相同。但由于完全开放型对高校图书馆多个方面的要求较高，如服务水平、文献信息资源、硬件设施、软件设施等，因此较少被采用。

（三）国外高校图书馆社会化服务内容

1. 特殊群体服务

国外高校图书馆十分重视对残疾人群体等特殊群体对象的服务。为了满足残障人士的需求，高校图书馆一般会为其设置专用设施、电子资源和纸质资源等，从而提高残障人士的阅读质量。除此之外，国外高校图书馆还十分关注对少年儿童的服务，如利用寒暑假为儿童举办专题讲座等。

2. 与知名媒体合作公开典藏资源

近年来，美国是与知名媒体合作公开典藏资源方面最为出色的。以 Google 为例，哈佛大学通过与其合作，将 Google 富于创新的搜索技巧与哈佛大学图书馆丰富的馆藏资源完美地结合在一起，使馆藏资源电子化，极大地拓展了其服务范围，并为各类读者提供了阅读便利。

3. 提供专业化服务

为了更好地为读者提供专业领域的知识支持，国外大多数高校图书馆都会按照学科设置专家型的馆员，读者可以通过网站上公布的专家信息，如电子邮箱、办公地点等，寻求专业性帮助。

4. 广泛开展借阅服务

在国外高校图书馆社会化服务中，借阅服务是最吸引校外读者的服务，也是其服务内容中最为基础的。许多高校图书馆甚至向社会开放本馆的数据库资源，以丰富的文献和优质服务深受人们的喜爱。

5. 与企业合作

高校图书馆拥有许多优秀的专业人才和丰富的知识馆藏资源，能够将知识化为生产力，为企业和私人机构提供更加专业化的服务。例如，康奈尔大学图书馆与国家科学基金会进行合作，将优秀的知识成果应用于社会。

三、我国高校图书馆开展社会化服务存在的问题

我国高校图书馆在开展社会化服务过程中存在着许多问题，可以从其外部因素和内部因素两个方面进行分析。

（一）外部因素

1. 法律因素

目前，我国还没有一个较为完整的、能够保证高校图书馆社会化服务顺利进行的法律法规，最多只是对其社会化服务持鼓励态度。因此，我国应尽快制定相关法律法规，从各个层面为社会化服务提供法律支持，保障我国高校图书

馆社会化服务的权利与义务。

2. 经济因素

经济是国家政治、文化等事业发展的基石。由于我国经济运行质量和生产力发展水平较低，以及经济体制不够完善，我国高校图书馆总体服务水平远远落后于国外高校图书馆。经济的落后阻碍了我国高校图书馆社会化服务的开展，主要表现在：由于经费短缺，对人员的培训不到位，图书馆工作人员的素质不高；由于经费不足，不能及时更换已经老旧的基础设备；由于经费短缺，新书购置数量受到影响，进而影响高校图书馆的馆藏。

（二）内部因素

1. 硬件设施老化

目前，我国大多数高校图书馆馆舍年久失修，办公和服务设施得不到维护和更新，导致图书馆座位不够、阅览空间不足，无法满足本校师生的需求。除此之外，我国高校连续几年的扩招，使这一问题更加严重。

2. 缺少专业性社会读者服务人员

国外高校图书馆的社会化服务已经开展了较长时间，其图书馆馆员大多是拥有丰富服务经验的专门人才。相比之下，我国高校图书馆由于长期处于封闭状态，没有设置专门为校外读者服务的部门，十分缺乏对外服务经验。

3. 封闭的图书馆管理体制

我国高校图书馆采取长期封闭的政策，导致各类型的图书馆在业务和读者服务等方面相互分割，如科技馆、公共馆、高校馆等，使高校图书馆和社会读者之间产生了一定的隔阂。

四、高校图书馆开展社会化服务的对策

（一）高校图书馆开展社会化服务的原则

1. 经济实用

高校图书馆应充分考虑本馆的实用性服务措施和经济承受能力，符合要求后才能开展社会化服务。同时，还应结合当地经济发展状况来确定社会化服务的规模和起点，根据社会与本馆的实际情况，开展一些力所能及的文献信息服务，从而达到节约开支和服务社会的双重目标。

2. 用户需求为主

高校图书馆开展社会化服务，极大地拓展了其服务对象，导致读者的服务需求和学历层次存在很大差异。这就要求高校图书馆必须提前做好用户需求的调研，对本馆文献资源和服务及时进行调整，充分利用本馆优势为用户服务，从而形成具有本馆馆藏信息资源特色的保障体系。

3. 实事求是

高校图书馆服务社会需要做到以下几点要求。

①明确开展社会化服务的目标。高校图书馆应积极制订开展各项工作的计划，在高校予以支持的前提下，根据本馆的实际情况确定社会化服务的目标，不能追逐形式而开展。

②根据本馆馆藏特色和发展方向进行服务。高校图书馆应循序渐进，先熟悉自身再开展服务，从自身具有的特色服务和优势入手，同时还要转变原有的服务部门设置方式，选择具有业务专长的馆员组成对外服务部门。除此之外，还要增设参考咨询部门、信息服务中心等。

③制订不同时期的规划和发展目标。高校图书馆应明确各个部门和岗位的服务内容与职责，做到实事求是地开展社会化服务。

4. 主次兼顾

马克思哲学理论中强调主次矛盾的原理，主要是指在解决复杂问题时，应集中力量优先找出主要矛盾，同时做到统筹兼顾、适当安排，才能找到解决问题的关键。高校图书馆应充分利用主次矛盾原理，即社会化服务的主要矛盾是为本校师生的教学科研服务，次要矛盾是为社会读者服务。由此可知，高校图书馆应根据本校的特色资源，在满足本校师生需求的前提下，有计划、有步骤地为社会读者服务。

（二）通过多种方式开展高校图书馆社会化服务

1. 通过远程服务扩展社会化服务外延

为本校师生服务是高校图书馆的首要任务，从我国高校图书馆目前的发展状况来看，完全对外开放存在着一定的难度，需要具备专业的馆员人才、充足的馆舍设施、丰富多样的文献资源等。同时，校内读者与社会读者还存在着一定的资源竞争关系，容易产生利益冲突，这也是阻碍我国高校图书馆社会化服务开展的重要因素之一。

近年来，由于互联网的飞速发展及我国高校采取扩招政策，加剧了馆藏资源和人才为匮乏的问题。这就要求高校图书馆必须与时俱进，以现代信息技术和网络渠道为核心，积极建立数字图书馆，为社会读者建立能够随时查阅馆藏资源的平台，扩展社会化服务外延。

2. 深入周边社区积累社会化服务经验

高校一般处于人员密集的城市中心，因此必须重视对社会工作者科学文化素质的培养。随着社会经济和科学技术的飞速发展，城市居民迫切需要提升自我修养和工作技能，对专业知识信息的需求量较大，且具有多样性等特征。高校图书馆可以主动到社区、单位等宣传本馆的馆藏资源，从而吸引社会读者到图书馆参观。在实践中修正社会化服务的整体规划，积累社会化服务的经验，从而逐步推广扩大社会化服务的物理空间。

3. 大众化的信息服务

高校图书馆的文献资源采购都是围绕本校的教学科研进行的，其主要原因是纸本文献资源价格上涨及采购资金短缺导致购买力不足，这也是导致图书馆文献资源无法同时满足校内读者和社会读者多样化需求的关键因素。因此，高校图书馆可以凭借丰富的教师资源和先进的设备资源开展更广泛的大众化信息服务，如信息检索、信息咨询、举办学习班或培训班、公益讲座等，通过一系列大众化的信息服务，为城市公民精神文明建设做出贡献。

4. 以校地共建模式开展社会化服务

地区经济也会对高校图书馆开展社会化服务造成一定的影响，我国中小型城市的高校图书馆存在着资金紧张、设备落后、馆舍破旧等问题，严重阻碍了社会化服务的开展。以地方财政收入为支撑，采用校地共建的模式，发挥地方公共图书馆的职能开展社会化服务，不仅可以增强高校图书馆的综合实力，还能有效融合地方公共图书馆的资源、设备。

5. 扩展社会化服务资源总量

我国高校图书馆在长期的发展过程中形成了条块分割的局面，即儿童馆、专业馆、科研馆、公共馆、高校馆等相互独立的局面，不仅给读者带来了许多不便，还造成了资源的重复建设等问题。因此资源共享成了图书馆界倡导和努力的方向。近年来，高校图书馆十分重视资源共享的研究，在资源传递等方面进行了有益的探索，打破了校际限制，深受校内读者的欢迎。

实际上，不同类型的图书馆性质也有所不同。但无论是什么类型的图书馆，其读者服务是完全相同的。因此，高校图书馆与其他馆进行合作，读者通过简单注册便能享受到与校内读者同样的服务，为读者建立统一的身份识别标识和检索平台，真正做到一证通行。读者可以自由进出各个图书馆的数据库，从而使校外读者充分感受到图书馆以人为本的服务理念。

（三）高校图书馆开展社会化服务的保障机制

1. 文献信息资源保障

高校图书馆进行社会化服务必须具备充足的馆藏文献信息资源，因此高校图书馆采购图书资源前，必须对校内读者和社会读者的阅读习惯、阅读范围、阅读喜好等进行一定的调研，才能有针对性地补充图书馆必需的资源。高校图书馆只有保证文献信息资源储备充足，才能在保障校内读者使用资源的前提下，让社会读者的信息需求得到满足。

2. 资金保障

我国高校图书馆一直受购买经费的限制，其经费短缺主要表现在人员培训、基础设施两个方面。

（1）对人员培训的影响

我国高校图书馆仍然处于起步阶段，各个方面都需要大量的资金投入，许多高校图书馆重视其他方面的建设，往往会忽视对图书馆馆员能力的培训。为了更好地开展社会化服务，高校图书馆必须寻求多渠道的经费来源，加大在人员培训方面的资金投入。

可以用来获取经费的方法有：①社会捐赠。可以通过细化慈善捐款专项项目，使更多的人关注高校图书馆的经费需求，并引导一部分社会捐助流向图书馆。②服务收费。在社会化服务中，有许多因信息增值而导致的成本增加，高校图书馆可以将这部分服务定为收费服务。③寻求政府的支持。政府是高校图书馆开展社会化服务的最大受益者，其主要原因是社会化服务有利于地方文化、经济的建设。因此，高校图书馆可以向当地政府申请将其社会化服务项目作为当地文化建设项目，从而获得政府的资金支持。政府给予高校图书馆经费的方式主要包括政府信息工程项目委托、共建图书馆、政策优惠等，具体的拨款金额可以根据高校图书馆社会化服务的实际效果来确定，这种方法不仅能节约公共服务成本，还能充分发挥高校资源优势。

（2）对高校图书馆基础设施的影响

我国高校图书馆受经费的限制，大多都存在着设备落后、馆舍老旧等问题，而开展社会化服务要求高校图书馆必须具备充足的设施、设备。并且为了发挥其基本职能，高校图书馆的经费必须优先用于馆藏文献资源的购置，最终导致图书馆购置设施、设备的资金十分匮乏。

第二节 高校图书馆参与社区公共文化服务

一、高校图书馆参与社区公共文化服务的方式

（一）建设特色数据库

近年来，我国高校图书馆已经建立起了具有自身馆藏特色的数据库，因此可以对当地社会读者进行调研，充分了解社会读者的文化需求，从而根据不同的需求为其提供具有针对性的服务；并结合本馆特色，建立服务于社会读者的特色数据库。以医学院校为例，图书馆建立医学特色数据库，可以为社区的企业提供科技发展等方面的信息情报；可以为政府部门决策提供参考信息；可以为社会读者提供所需生活医学常识，如基本护理、养生等常识。

（二）充分利用网络

随着社会信息化的快速发展，互联网已经渗透到人们日常生活的方方面面，人们越来越喜爱通过电子产品进行的快餐式"指尖阅读"。智能电子产品的问世及普及，使人们可以随时随地享受图书馆资源，为其提供了便利。

近年来，我国各类数据库日益增多，高校图书馆资源的数字化程度也随之增高。因此，可以充分利用这一优势开放图书馆的数字化资源，通过开展数字化信息资源讲座和虚拟参考咨询、文献传递等服务，为社会读者提供更为便利、快捷的图书馆数字化公共文化服务。

（三）向社区居民开放文献资源借阅服务

高校图书馆只有在保证满足本校师生文献需求的前提下，才能为社会读者开放文献资源借阅服务。社会读者可以通过申请办理图书馆借阅证，从而享受高校图书馆提供的借阅服务。电子产品的飞速发展导致图书馆许多纸质资源无人问津，数字化阅读的普及为读者提供了便利，成为深受读者喜爱的阅读方式。因此，向社会读者开放文献资源借阅服务，能有效提高文献资源的使用率。

（四）与公共社区图书馆建立资源共享机制

通过与公共图书馆共享文献信息资源，高校图书馆可以更多满足校内读者与社会读者的需求。社区读者可以通过公共图书馆预约纸质资源，也可以直接通过网络登录公共图书馆。

（五）开发深层次的信息产品

可以将信息产品划分为两类：①无形产品。根据用户要求提供的资料翻译、科技成果的查新、文献资料的检索等服务项目。②有形产品。能够用物质载体记录下来的研究报告、述评、文摘、专题目录索引等服务项目。

二、高校图书馆参与社区公共文化服务的对策

（一）加强公共数字文化服务

根据服务内容，高校图书馆主要可以分为两大空间服务：①网络虚拟空间服务。主要是指电子图书免费阅读、数据库资源免费使用、文献传递、数字参考咨询服务等，又可以称为数字化服务。②物理空间服务。主要是指形式多样的讲座、纸质书刊借阅服务等，又可以将其称为传统服务。从技术上来看，网络虚拟空间服务比物理空间服务更容易实现协作和共享，随着计算机网络的普及，网络电子阅览室日益增多，人们更偏好随时随地可以获取数字资源的方式。

（二）扩大社会影响

高校图书馆要不断加强对外的宣传和教育活动。由于社会读者的需求具有个性化和多样化的特征，为了更好地满足其需求，高校图书馆对本馆馆藏进行宣传的方法有：①根据社会用户不同的年龄特征开展不同层次的文化活动；②为社会科技人员、事业单位人员等知识分子提供专业的信息服务；③利用节假日开设培训班、举办相关讲座；等等。

高校图书馆可以通过对社会读者的调研，了解其个性化的需求，从而有针对性地为其提供相应的文献资源。通过一系列宣传活动，吸引更多的社会读者，使其熟悉、依靠图书馆。除此之外，高校图书馆还应积极对各类对外服务活动进行宣传。例如，美国西肯塔基大学图书馆的"国家系列讲座"，因其大规模的活动宣传，使社会参与度较高。近年来，我国高校图书馆的导读研究日益增多，充分体现了我国高校图书馆对活动宣传的重视。

（三）注重社会效益和经济效益的双赢

在参与社会服务的过程中，高校图书馆既要重视经济效益，又要强调社会

效益，两者是相辅相成的。如果不能使两者实现有机结合，高校图书馆就会偏离其服务的最终目的，并且失去参与社区服务的动力。

可以将高校图书馆经济效益划分为以下两类。

①商业性服务获得的经济效益。主要是指利用馆舍等图书馆基础设施赚取的费用，例如，与其他社团、组织、机构合作开展以营利为目的的活动收益。高校图书馆利用这部分收益弥补资金方面的短缺，从而更好地为大众服务。

②有偿性服务获得的经济效益。主要是指用以补偿资源损耗、馆藏设备，以及工作人员额外的服务劳动而向读者收取的相应费用，如文献传递、为非规定服务范围内的个人提供论文检索、电子阅览室使用上机费、书刊逾期使用费等。有偿性服务的主要目的是保证书刊借阅的正常流通和设备的维护，一般情况下，这类服务收费额度较小。

（四）树立为社会服务的意识

观念的变革是体制变革的关键。我国高校图书馆长期采取封闭政策，将社会读者拒之门外，限制了图书馆的服务范围。随着高校自身的变革和发展以及社会需求的增多，高校图书馆必须打破限制，将服务与合作延伸到社会的各个领域。作为文化领地的高校图书馆，必须重视其社会效益，转变观念，向校园周边的社会读者开放，共享文献信息资源。

（五）正确处理与其他机构的关系

公共文化服务主要是由社会图书馆、公共图书馆，以及其他相关机构共同提供的。因此，高校图书馆在参与社会服务的过程中，应积极与这些机构在人力、物力、财力的互惠原则下进行合作。

近年来，社会信息化发展速度加快，使人们在精神文化方面的需求日益增多，单一的高校图书馆已经无法满足人们的个性化需求。这就要求高校图书馆必须根据社会发展的需要与其他机构共同建设资源协作型、节约型的文化联盟，建立区域性的资源共建共享机制，实现全社会文化资源的普及，从而形成全国性的联盟。目前，我国大部分省市均已建立区域性的联盟。

除此之外，高校图书馆作为文化机构，应增强自身的社会责任感。公共文化服务需要各个文化机构站在道德高地上，共同建设、完善和维护公共文化服务的发展。

（六）处理好对内和对外服务的关系

高校图书馆的基本任务是为本校师生的教学和科研提供信息资源服务。由于校内读者与社会读者在阅读习惯、信息需求和个性化要求等方面存在一定的差异，因此高校图书馆在进行社会化服务时，必须以满足本校师生需求为主，以满足社会读者需求为辅。在对外开放时，高校图书馆可以设置专门的社区自习室、社区阅览室、社区书库等，或者引导社会读者使用数字化资源，通过虚拟参考咨询服务获取信息资源，例如，文献传递、电话、QQ、电子邮件等。除此之外，还可以使用数字资源代替实体资源为社会读者服务。

第三节　高校图书馆社会化服务的实现路径

一、探索高校图书馆社会化服务的创新模式

（一）高校图书馆社会读者的基本类型

社会读者对信息的需求具有个性化和多样化的特征，每种类型的用户对信息的需求存在一定差异。高校图书馆的社会读者主要包括以下几种类型。

1. 政府用户

政府机关十分重视民生问题，许多关于民生的重大信息都来源于政府，由此可知，社会方面的问题正是政府部门需要解决的问题。因此，政府用户既是信息的生产者，又是需求者。

政府作为高校图书馆实现社会化服务重要的服务对象，需要高校图书馆为其提供科学的、专业的信息资源，帮助相关部门对政府信息资源进行揭示、导航、整合和分类。

2. 城市社区用户

城市社区用户与其他用户相比具有复杂性，主要包括退休人员、下岗职工、在职工作人员以及残疾人等特殊人群。因此，高校图书馆在开展社会化服务的过程中，必须充分考虑不同群体的需求特点，并进行一定的分析、归类，从而为其提供具有实用性和针对性的信息资源服务。以在职人群为例，这类人群一般情况下对法律咨询、技术、管理和财经等方面的信息需求较高，高校图书馆可以通过一定的调研，从用户的需求出发，为其提供相应的信息服务。高校图书馆开展社会化服务不仅能够解决社会用户信息缺乏的问题，还能营造一种积极向上的社会文化氛围。

3. 企业用户

企业是市场活动的主要参加者和最重要的市场主体，也是经济、社会发展的主力军。知识经济时代的到来加剧了企业之间的竞争，也为企业带来了许多机遇和挑战。企业信息情报方面的竞争主要体现在商业模式竞争、商品竞争和对手竞争等方面，企业因经济发展的需要，必然会成为高校图书馆的服务对象之一。高校图书馆可以通过各种途径为企业提供客户需求变化、新产品开发等具有价值的情报信息。

4. 农村用户

我国农民由于难以获取先进科技知识，导致农村知识资源匮乏、知识存量不足等问题，很多农村地区缺乏有效的社会教育机构，留守儿童参与知识教育十分困难。在新农村建设和社会经济发展中，提高贫困农民和留守儿童的文化素质势在必行，高校图书馆作为文化机构应积极承担这个责任。

高校图书馆在对农村用户开展社会化服务时，既要向农村用户提供农业信息服务，又要指导农民将信息应用到农业生产中。对于农民而言，高校图书馆所提供知识信息资源具有十分重要的利用价值，有利于农民准确、快速地掌握新技术，能有效提高农村用户运用知识的能力，提高其社会生存能力。

5. 中小学用户

我国中小学一般只设有规模较小的内部图书室，且图书室受规模的限制资源存储十分有限，无法满足学生的个性化需求。因此，高校图书馆需要积极承担更多的教育职能。高校图书馆可以根据中小学生的年龄特征和知识掌握水平，为其开放本馆的部分服务。

（二）高校图书馆社会化服务的模式

1. 基于内容的服务模式

①专题服务。主要是指针对社会用户需求开展的高端用户服务，如专题学习服务、专题社会信息服务、专题情报服务等，是高校图书馆开展社会化服务最主要的模式。

②借阅服务。主要是指在满足本校师生教学和科研需求的基础上，向社会用户开放的服务，是高校图书馆最基本的服务模式。高校图书馆可以通过了解社会读者需求为其提供具有针对性的服务，如传真、打印、复印、扫描，开放电子阅览室、提供数字信息资源服务等。

③知识服务。主要是指以信息知识的搜寻、分析、组织等为基础，根据用户的个性化需求，直接融入用户解决问题的过程，是高校图书馆社会化服务中

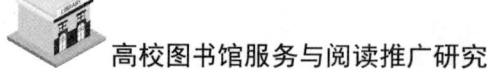

最具发展前景的服务模式，能够为用户提供有效支持知识应用和创新的服务。知识服务对图书馆馆员的要求较高，因此必须对馆员进行专业化的培训，并且制定具体的奖励办法，从而鼓励和推动馆员积极投入社会服务中去。

2. 基于主体的服务模式

①共建共享模式。主要是指高校图书馆与其他企事业单位以实现共赢为主要目的进行资源共享的合作方式，主要模式包括馆企联合、校地共建、协会合作、图书馆联盟等。

②自主自建模式。主要是指依靠高校图书馆已有的信息、财力和人力等方面资源组建的载体。这一模式属于社会化服务较高层次的模式，对高校图书馆的服务能力、人才结构和信息资源等方面提出了较高的要求。

自主自建模式主要是从运行主体上进行划分的。从我国高校图书馆的现状来看，在实现社会化服务的过程中可以采取协会合作和馆企联合等方式为用户提供相关的服务。

二、提升高校图书馆社会化服务能力总量

（一）提升深层次服务能力

在高校图书馆社会化服务内容中，由于深层次信息服务具有专业深度和服务范围较广的特点，因此对图书馆馆员和资源的专业性要求较高。高校图书馆必须充分发挥自身优势，不仅要提升图书馆馆员的综合素质，还要提高馆藏质量，对信息资源进行深度开发。除此之外，高校图书馆应关注社会重点课题，深化定题服务。当代科研人员十分需要图书馆能为其提供专业的、全面的信息服务，为其课题立项、实施等奠定知识基础。因此，高校图书馆应加强与社会科研机构的联系，充当好信息专家和导航员的角色。

（二）组建多元化服务团队

高校图书馆应根据社会发展需求不断优化图书馆人力资源结构，可以从两个方面加强专业人才的建设与培养：①人才引进。高校图书馆应制定合适的薪酬福利待遇等标准，利用与业绩相匹配的任期制度、奖罚制度激发馆员的积极性。②留住人才。高校图书馆应重视馆员综合素质的培养，做到合理分配各类专业技术人员，并为其提供学习深造的机会。

（三）打造开放式服务模式

开放式服务模式主要体现在图书馆服务的民主、和谐、宽松、公正、公平等方面，是一个全方位的概念。高校图书馆在社会化服务中，必须将"开放"理念贯彻到各个工作环节中，从而保证图书馆形式上的公平、公正与公共。

（四）健全公共服务体系

高校图书馆应积极寻求多方合作，消除单个馆资源受限的弊端，实现资源共享。例如，与公共图书馆只在文献信息资源共建和共享等方面进行局部合作。近年来，我国大多数高校图书馆已经实现了资源整合。

（五）重塑公共服务精神

我国高校图书馆长期处于封闭状态，社会化服务意识相对淡薄。但是社会的发展要求图书馆实行对外开放政策，因此高校图书馆各个工作环节都应充分体现其开放的理念。这就要求高校图书馆不仅要关注和了解社会读者的信息需求，还要满足本校师生的信息需求，同时认清自身的社会价值，树立社会化服务意识，从而更好地推动社会经济的发展。

三、完善社会化服务保障机制

（一）政策与法律保障

法律法规是高校图书馆社会化服务持续运行的保障。政府部门应制定相关政策，鼓励和推动高校图书馆社会化服务的开展，规范高校图书馆社会化服务行为。例如，美国早在1925年就制定了《图书馆法》，后来又颁布了《图书馆服务与技术法案》，这些都为美国图书馆社会化服务的进行奠定了坚实的法律基础。而目前我国只有少数几个大城市有了相关的法规，所以要想完善社会化服务保障机制，必须加快建立健全相关的法律法规

（二）资金保障

财政拨款是我国高校图书馆经费的主要来源，仅仅能够满足教学和科研的需要。但是在图书馆开展社会化服务初期，各个方面都需要大量的资金投入，如人员补充与培训、技术设备引进、资源建设等。在我国大多数高校图书馆中普遍存在着经费不足问题，受电子资源发展的影响，纸质资源的采购经费难以适应新形势的发展。由此可知，资金保障是实现社会化服务的关键因素之一。

（三）资源保障

高校图书馆要实行社会化服务，就必须有具备海量信息的资源体系。高校

图书馆开展社会化服务，不仅要有丰富的网络信息资源、多媒体文件和电子资源专业数据库，还要重视传统的馆藏资源。为了更好地面向社会读者开展深层次的开放服务，高校图书馆应不断加大实体资源与虚拟资源的整合力度，提高各类资源的购买力度，实现区域内图书馆的资源共享。

我国高校图书馆长期以来十分重视信息资源的收集和保存，其服务以为用户提供相关书刊、文献资料为主，大部分文献的开发和利用仍然处于浅层次，即重视搜集、忽视利用，从而导致服务水平较低。

信息时代的到来推动了网络技术的飞速发展，迫使我国高校图书馆必须做出一定的改变。网络通信具有时效性强、方便快捷等优势，使实现资源共享成为可能。网络信息形态多样，且不受时间和空间的限制，主要包括图像、数据、声音等多媒体信息。但是网络信息也存在诸多弊端，如因资源庞大导致信息呈现出无序化，不利于用户查找；信息复杂，难以识别其价值。因此，高校图书馆应加强信息甄选工作，有选择地利用网络信息资源，并对其进行一定的重组和加工，使其成为便于读者检索和利用的资源。

高校图书馆可以从以下几个方面入手。

①对于一些专业读者的特殊需求，高校图书馆可以根据自身的条件为其提供具有针对性的特殊服务。如将可以用的部分资料直接下载到电脑中供读者获取；直接连接到权威的专业资源库，供读者阅览。

②根据校内外读者的不同需求，高校图书馆可以利用本校图书馆的 web 网址、BBS 网址等，对可利用信息进行分类；并制作相应的网络资源导航页，形成浏览器的初始页面，供读者检索。

③高校图书馆可以为用户提供传真、CAI 课件等服务，或是直接将用户所需的资源传输到计算机中。

④高校图书馆可以通过与其他馆或拥有电子邮件账号的群体交换邮件，从而获取更多信息资源。

⑤高校图书馆对本馆的实体资源进行数字化处理，并对其进行分类，放到网站上。基本服务包括信息服务、读者信息、最新书目消息、借阅服务、网上资源以及书目查询等。

（四）技术保障

我国高校图书馆目前并没有条件向社区读者和社会读者进行规模化开放。但是，网络技术的不断发展可以说为高校图书馆的社会化服务提供了相对有效的保障。图书馆在网络和网信通信技术的辅助下，突破了实体资源以及物理空间上的束缚，从实质上使社会化服务趋于简洁操作与实施。

大部分高校图书馆目前都已经运用了 web3.0 网络模式技术，通过对这一技术的利用来实现方便快捷及个性化的多元化服务，如图书馆运用 RSS 技术发布馆藏动态、馆内新闻、新书通报等。不仅如此，读者还可通过定制 RSS 订阅预约图书，通过微信、微博等多种社交网络工具推荐服务、发布信息，随时更新，实时功能强大，方便各类用户参与并进行互动。

（五）体制保障

规范的体制是高校图书馆社会化服务顺利开展的重要保障。高校应充分利用自身的地域优势、资源优势、专业特点和人才优势建立相应的管理体制并不断完善，同时确定社会服务方向。在建立管理体制的过程中，高校图书馆应通过调研、分析等方法，不断完善管理体制，从而形成科学的、有效的、全方位的规划。除此之外，高校图书馆还要与时俱进，不断学习现代化管理技术，重视有效的传统服务方式和手段，最大限度地提高服务效益。

第五章　高校图书馆个性化服务

个性化服务是针对用户的特殊需求而提供的特定服务。高校图书馆利用自身丰富的馆藏资源，为不同兴趣、专业及需要的在校师生提供个性化的服务。本章分为个性化服务的主要内容、图书馆心理学概述、读者心理学与图书馆读者服务、心理学在图书馆参考咨询服务工作中的运用、读者心理学在图书馆个性化服务工作中的运用五部分，主要包括个性化数据信息追踪推送服务、图书馆心理学的内涵、图书馆心理学的对象和内容、读者心理学与图书馆读者服务的关联性、个性化服务工作中运用心理学的必要性等方面。

第一节　个性化服务的主要内容

一、个性化数据信息追踪推送服务

主要是指学科馆员通过自身的情报信息服务以及对所负责学科的专业知识，深入科研教学一线，根据教学战线与科研一线的数据资源需求和信息知识检索要求，将图书馆的最新资源信息在特定时间内及时推送给特定用户的服务。尽管图书馆的信息资源保持不断更新，但在推送之前，要注意划分用户群体，而不是对全体科研教学人员进行信息资源通知的"狂轰滥炸"，进而改变个性化服务定制的初衷。

二、科技查新与论文收引创新服务

查新报告是查新机构根据查新委托书的要求，通过查新项目的查新点与所查文献范围内的文献信息进行比较分析，对查新点做出新颖性判别后，以书面形式撰写的客观、公正的技术文件。对查新点的表述必须客观、科学，措辞必须简洁、清晰和有条理。文献检索范围及检索策略包括文献检索范围、检索词和检索式。依据查新项目的查新点及其所属学科领域，确定合理的文献检索范围，选择最能反映查新项目实质内容的检索词，并利用检索算符制定检索式。可以通过其他方法（如互联网）来补充一些新的搜索项，必须指明搜索方法、特定的网址和搜索日期。网络数据库中具有足够资源的网络搜索代理，可以基于其自身的网络数据库进行搜索。如果缺少所需的综合数据库或专业数据库，则需要使用国际联机补充搜索。查新报告的检索结果应在可搜索到的文档范围内，在对相关文档及其基本信息的检测中体现出来。

除了评奖评职称，高校图书馆承接查收引委托外，还应创新服务内容，定时追踪科研工作者的科研成果主要被哪些国家、哪些领域、哪些研究工作者引用，根据用户需要，定期出具科研成果引证报告。不仅有助于科研工作者对自己的科研工作有清晰的认识，而且有助于科研工作者对未来的科研方向有更加清晰的把握。

三、提供数据资源的跨库检索服务

将图书馆的各种数据资源和其他网络资源进行打包，组装成完整的异构数据资源检索系统，方便用户根据自己的检索需求准确高效地搜索到合适的数据源，增强个性化服务的质量与强度。例如，北京大学主导的CALIS三期"机构知识库建设及推广项目"，以揭示和推广我国高校的学术资源和学术成果为主要目的，为高校发布、共享和保护已形成的知识、科学和文化遗产的数字化资源提供帮助，促进学术交流。

第二节　图书馆心理学概述

一、图书馆心理学的内涵

（一）图书馆心理学的含义

图书馆心理学研究的主要内容是在整个图书馆工作的过程中，读者以及图书馆馆员的各种心理活动和心理现象。它由心理学发展而来，是心理学的重要组成部分，因此，心理学是图书馆心理学理论方面的前提和基础。而图书馆的实际工作，是图书馆心理学的实践基础。

（二）图书馆心理学和读者心理学的区别

图书馆心理学和读者心理学的研究范围和内容有重叠，但是不能互相替代，它们是不同的。读者心理学主要研究的是读者在使用图书馆的过程中的心理现象及其发生、发展的规律，图书馆心理学是研究图书文献资料交流中人们的各种心理现象及其规律的科学。图书馆心理学包含读者心理学，由读者心理学发展而来，它的研究内容比读者心理学更丰富，研究范围比读者心理学更宽广。因此，图书馆心理学的发展与读者心理学在存在区别的同时也有着紧密的联系。

二、心理学运用于图书馆用户服务工作的意义

（一）是深化用户服务的必然要求

为了提升对读者的服务质量，就需要运用心理学，了解读者在图书馆的借阅活动中表现出来的心理活动和心理需求。理解是沟通的桥梁。只有彼此打开心扉，真诚相待，才能将图书馆与读者之间的距离拉近，才能减少矛盾的产生，才能提高图书馆为读者服务的质量。只有运用心理学了解读者的心理需求，才能使图书馆对读者的服务更加具有针对性和主动性，才能使服务工作开展得更加深入。掌握图书馆心理学发展规律，正确地处理好图书馆与读者之间的矛盾，研究读者心理现象及其行为方式，是提高服务质量的有效途径和方法。

（二）能够提高用户的综合素质

为用户服务是图书馆的宗旨，在服务的过程中，对心理学的运用有利于读者综合素质的提升。比如，读者在图书馆借书和阅览图书的时候，往往会有一些不文明的行为出现。比如在书籍上胡乱涂画、故意撕毁图书、污染图书，在图书馆里大声喧哗、对馆员不尊重，以及一次性在书架中取出很多本书并在阅读之后胡乱放回书架等各种行为。只有从源头上弄清这些行为产生的原因是什么，才能对症下药，采取相应的有效措施，引导读者文明借阅。随着这些不良现象的减少以及不良行为的改正，读者的综合素质也得到了提升。

（三）能够增强图书馆自身能力和应变能力

图书馆的建筑设计、绿化环境、宣传活动、服务态度都关系着图书馆藏书的利用状况、影响着服务对象。要在掌握图书馆心理学的基础上，重视馆舍设计，

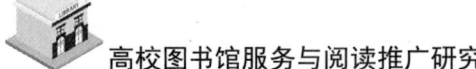

改善阅读环境，创造积极、和谐气氛，激发读者的借阅欲望，把阅读过程变成一种心情舒畅、欢乐喜悦的社会活动，既满足读者需要，又使图书馆在时代变化中保持最佳状态，把握为读者服务的主动权。

（四）能够充分发挥图书馆的教育职能

将心理学运用到图书馆工作中，可以帮助图书馆制定发展规划，提升管理和服务能力，充分发挥其工作职能，做好图书馆的各项工作。图书馆对心理学的正确运用，可以在潜移默化之中对读者产生教育作用，从而发挥图书馆的教育职能。

随着社会发展速度的加快，处于各种社会活动中的读者，无论是在学习、工作还是生活上都面临一定程度的压力，如果不能正确处理这些压力，读者就很容易出现心理问题。对读者进行心理健康教育是图书馆的社会使命。图书馆是人类知识的宝库，拥有巨大的资源优势。图书馆利用自己丰富的馆藏资源，在对读者的心理特征进行充分把握的同时，努力提高馆藏文献的利用率，使图书馆藏书在国民经济建设和科学教育事业中发挥积极作用，收到显著的社会效益。阅读疗法的开展，是对读者进行心理健康教育的重要手段，有助于读者心理困扰的排除和积极向上的人生态度的保持。心理学的阅读疗法在图书馆读者心理健康教育中的运用，拓展了图书馆的教育功能，提升了图书馆服务的理念，充分发挥了图书馆的教育职能。

三、图书馆心理学的研究对象和内容

（一）图书馆心理学的研究对象

读者和馆员都是社会的一员，当他们与图书馆建立了联系后，就在特定的环境下被赋予一种特殊的身份。扮演了读者和馆员角色的社会成员，是图书馆心理学所研究的心理活动的主体。图书馆心理学的研究对象包含很多方面的内容，包括在图书馆工作过程中读者和馆员的心理现象和心理规律，还包括这些心理活动与图书馆工作活动之间的相互影响的关系。图书馆心理学揭示的心理活动的实践环境，是图书馆工作活动。任何人的心理活动总是与特定的行为、社会实践密切联系。同样，读者和馆员的心理活动，也与图书馆工作实践不可分割地联系着。当然，读者和馆员同时是社会成员，图书馆工作活动是整个社会实践的组成部分，图书馆心理学的研究也必须联系整个社会环境来进行，不能孤立地局限于一隅。

（二）图书馆心理学的研究内容

这是图书馆研究对象的具体化和展开，它包括以下内容。

1. 读者心理

对读者心理的研究是图书馆心理学研究的重点，是对读者在借阅行为发生的过程中种种现象的研究，它既包括对读者个性心理的研究，也包括对不同类型的读者对馆藏文献内容、名称、装帧、加工、检索等构成要素的需求心理的研究。

2. 阅读心理

阅读心理是图书馆心理学研究的重要内容，它既包括对读者在阅读过程中的阅读动机、阅读喜好、阅读态度、阅读能力、阅读方法与经验的研究，还包括对在不同的环境下呈现出的不同阅读效果的研究。这是图书馆开展读者辅导、改进服务工作的理论依据。

3. 服务心理

服务心理也是图书馆心理学的重要组成部分，它包括馆员心理、宣传心理、图书心理等。它建立在研究读者心理和阅读心理的基础之上。服务心理主要是研究馆员在为读者服务的过程中的心理活动及规律，以及相应的心理对策。

图书馆工作是一项综合性、复杂性的系统工程，各方面工作都有机联系着图书馆心理学。为了对图书馆实践工作做出更好的指导，要重视对工作中涉及的心理学的研究，掌握心理活动的规律并采取相应对策。

四、图书馆心理学的任务

图书馆工作的目的是尽最大努力满足读者对文化的需要，充分发挥文献影响读者精神世界、指导社会实践活动及取得良好的社会效益的作用。从实践意义上讲，图书馆心理学揭示图书馆工作过程中人们的心理活动规律，就是为了更好地实现图书馆工作的目的。图书馆心理学有以下几方面的任务。

（一）研究读者阅读心理，提高馆藏文献的社会效益

图书馆心理学的一个重要任务，就是研究图书馆读者在阅读活动中的心理

状态,以提高馆藏文献的社会效益。图书馆是人类知识的宝库,它为求知的人们敞开着大门。可是,读者的阅读目的是多种多样的,或是学习,或是研究,或是应用,或是享受。由于读者的阅读目的不同、动机不同,因此,在很大程度上就要受到读者自身的兴趣、情绪、意志、阅读能力、方法及外部环境的影响,制约着他们阅读目的的实现,体现着读者在阅读活动中的种种心理状态。图书馆馆员必须及时针对读者阅读心理的变化,根据不同的情况给予正确的引导,以提高读者阅读兴趣、调整阅读情绪,帮助读者通过正确的技巧和方式对阅读文献进行更好的选择。此外,还要改善文献和阅读空间以及相应的阅读设备,为读者读书、研究创造良好的环境。这对于阅读活动的顺利开展及促进读者阅读目的的实现具有重要意义,是图书馆心理学的重要任务。

(二)研究读者心理,满足读者需要

认真研究读者心理,包括读者的需求心理、借阅行为的心理活动,是做好图书馆工作的基础。文献是一种精神食粮,读者阅读它是为了满足精神生活的需要,或求知识、或指导研究、或丰富生活、或娱乐消遣、或陶冶情操。这种需要有的是现实的、稳定的;有的是潜在的、发展的,这种需要又依存于读者的社会实践和物质生活,但它有相对独立性,和读者的心理因素关系极大。

随着社会主义现代化经济、文化的发展,人们物质生活上低层次的需求得到基本满足后,心理上的高层次的需要将日趋强烈。目前我国图书馆的总藏书量和人均占有数与人口的比重还很不协调。但随着人们物质生活和文化生活水平的提高及出版事业的发展,图书馆的藏书总量和人均占有数将逐步提高,读者需要的构成也更趋多元化。

(三)研究服务心理,提高服务水平

图书馆工作是一项服务工作,是为读者服务的。研究馆员在服务过程中的心理活动,以制定文明工作、礼貌服务的心理学上的评定标准,有助于提高服务水平、增强馆员队伍的素质。

有不少馆员在实践中不断探索,已经掌握和运用了某些心理学原理,但常常是不自觉的、不全面的心理学。而研究服务心理能全面地运用心理学原理,在掌握读者心理学的同时,自觉地了解自己的个性心理特征,客观地分析自己的心理状态,了解馆员应具备的心理品质,培养自己的工作能力,加强自身的修养,有效地进行自我评价和自我监督,更好地为读者服务。

对图书馆馆员来说,研究服务心理有助于熟悉馆员的心理特征和心理活动规律,把握馆员思想动态和不同时期馆员行为的心理构成要素。应增强图书馆凝聚力，使一支同心同德、服务优良的图书馆专业队伍迅速扩大，不断提高图书馆的社会地位。由此可见，对每一个图书馆工作者来说，图书馆心理学都是值得花时间、花精力去掌握的一门学问。

（四）研究管理心理，提高管理水平

图书馆工作要满足读者需要，必须强调社会效益，就要加强图书馆管理工作。在以经济建设为中心、强调两个精神文明建设同步发展的新形势下，这必然使图书馆的馆员在管理心理上产生一系列的新变化。图书馆必须在改善管理的过程中加强管理心理研究，从而提高服务质量，更好地为读者服务。

五、图书馆心理学研究的基本原则

（一）客观性原则

高校图书馆心理学研究的首要原则是客观性的原则。只有坚持这一原则，才能按照图书馆心理学的本来面目加以考察论证，而不附加任何外来的成分。它表现在：①设计方法时，要从图书馆的外部活动入手研究图书馆心理学现象，展示它的规律。②整理材料时，要对所得的事实包括相矛盾的事实进行全面的翔实的分析评定。③做结论时，必须有可靠的事实依据，切忌以主观的臆测来混淆客观的事实。

（二）发展性原则

高校图书馆心理学现象既是一种客观存在的事实，又是处于不断发展变化之中的。图书馆心理学现象是心理学与客观世界相互作用而形成的，它不是固定不变的、孤立的，因而研究它的规律还必须贯彻发展性原则。

遵循发展性原则，首先要研究图书馆心理学的发展变化，不仅要看到图书馆心理学总体的现实特征的发展变化，而且要看到发展前景，包括其较为稳定的个性心理特征和不同侧面的发展变化；其次，要用发展的观点研究图书馆心理学的规律，如影响图书馆心理学形成的各种因素不是固定不变的。

图书馆的实践活动对图书馆心理学的形成和发展起着决定性的作用。客观事物和社会实践是发展变化的。人的心理作为客观事物的反映、社会实践的产物，当然也不可能停滞僵化、凝固不变。不仅感觉、知觉、情趣等一般心理活动的内容在不断变化，而且具有相对稳定性的个性心理特征和个性倾向性，也有可变性的一面。以图书馆的读者需求心理为例，他们心理特征的变化就很明显。随着国家形势、社会环境和图书馆藏书供求矛盾的发展变化，读者的兴趣

集中点在不断转移，时而名著文学走俏，时而理论学习读物抢手。

因此，我们研究图书馆工作过程中的心理活动，必须遵循发展性原则，既要看到心理现象的现实情况、现实性特征，又要预测心理状况的变化趋势、发展前景，从中把握心理活动的演变规律。

（三）系统性原则

事物总是作为系统而存在。任何事物都是由一定的要素结构形成的系统，同时，它又是更高层次的大系统中的一个子系统。图书馆工作就是一个开放的包含着多层次、多要素的复杂系统。以一个县公共图书馆为例来说，它本身有好几个部门、环节，需要内部结构的合理化和优化；它又是当地文献情报中心，是文化系统的一个单位，还是全省公共图书馆系统的一个要素，存在一个外部协调的问题。里里外外息息相关，牵一发而动全身。

图书馆工作的主体的心理活动，也是一个多维度的动态系统。它包含心理过程和个性差异亚系统，及认识、情感、意志和个性倾向性、个性心理特征子系统的心理系统。这个系统，一方面受政治、经济、文化等外在环境、信息等的影响而变化；另一方面，内部的亚系统、子系统要素之间又相互影响、制约，不断变化发展着。例如，一个图书馆的馆员是否安于本职工作，通常是由社会评价、工作劳逸、待遇高低以及家庭影响等多种因素决定的，更和本人的抱负、职业认识、志趣爱好、价值观等直接相关。

图书馆心理学的研究，要对事物、对心理现象进行分析，要系统地研究环境和主体、刺激和行为反应之间的相互关系。要在各个子系统、要素的相互联系和相互作用中去认识整体，切忌主观判断的片面性。

六、图书馆心理学的研究方法

（一）观察法

科学研究中的观察法，是研究者在一定思想指导下，有目的地、主动地对自然界和社会中的事物和现象的状态、数量、运动变化等，做直观反映或描述的一种方法。运用观察法研究图书馆心理学，就是在自然状态下，有目的地通过观察人的外部表现，去了解其内在的心理活动的研究方法。例如，通过对读者的音容笑貌、举止谈吐的观察，去探测他的心理状态。这种方法由于是在自然状态下直接观察，一般比较真实、可靠。

观察法可以观察别人，也可以观察自己。例如，根据自己日常生活中的体验，以一个普通读者的身份进入图书馆,接触文献借阅活动,感受读者的心理变化。或者图书馆馆长以一个普通馆员的身份进入出纳台,接待读者,感受馆员的心理状态。这种自我观察法能从另一角度提供资料,有助于对读者、馆员心理需要的研究。观察法可以凭借自己的感官,直接对事物或现象进行感知和描述,也可以通过仪器、技术手段或通过他人,间接对事物、现象进行感知和描述。前者为直接观察法,后者为间接观察法。直接观察法简便易行、应用广泛,但容易"只见其一不见其二",有一定的片面性和局限性,还需要辅以其他的研究方法。

(二)问卷法

问卷法是一种经常运用的调查方法,即根据一定的研究目的和要求,事先设计和拟定一些相关的问题,要求被试者书面回答,然后从答案中分析研究被试者的心理活动特点和规律的一种方法。图书馆要研究某一类读者的心理,了解他们的需要、兴趣和有关原因,可以拟定相关的问卷,请读者填写。采用问卷法时,要注意选择的文献应该是被试读者所熟悉的,且有可比性。被试读者要有一定数量和代表性,要使被试者讲出真实的想法,提出的问题要简单明确,回答时只做简单的符号,答案要便于统计和处理。

(三)测验法

测验法是调查、测量、访问、比较等方法的总称。例如,智力量表、智力测验、兴趣性格的测定等都是测验法的具体化。测验法是向被试者提出若干标准化的问题,从被试者回答这些问题的结果来评定其兴趣特点,这种以测验为工具研究心理的方法,被称作测验法。在图书馆心理学研究中运用测验法,就是间接了解被调查对象的心理活动,能在图书馆流通活动的各个方面获取大量的丰富的具体资料,据以归纳分析读者的需要趋势、馆员的心理状况,从而探索在图书馆工作中人们心理现象产生、发展和变化的规律性。对于测验得来的资料要科学分析,得出的结论要加以验证;而测验不能一劳永逸,要经常进行。

(四)个案法

个案法是对某一个或几个被试者,进行全面的、较长时间(几个月、几年)的连续观察、记录,掌握其各种心理特征和变化,以揭示心理演变的规律性。实际上这是一种典型总结、解剖的调查法。例如,要研究图书馆馆员的职业心理,可以确定一个或几个馆员作为被试者,在了解他们家庭情况、社会经历、健康状况等的基础上,长时间地进行跟踪调查,记录他们每天接待读者的情况,深入了解其工作完成的实际情况，图书馆的奖励惩罚、培养训练以及健康状况、家庭环境等对馆员心理的影响，以探讨如何提高馆员服务质量和心理素质。个案法也可采取邀请先进馆员总结经验的形式进行。他们在长期实践中积累了丰富的经验，从心理学的角度进行分析、升华，有助于揭示图书馆工作过程中的心理规律。

（五）实验法

实验法是有目的地严格控制或创造一定条件，从而引起被试验对象的某种变化以进行研究的方法，是心理学研究的主要方法。实验法也要进行观察，但它是通过创设条件、积极干预使被试对象发生变化、暴露其特性的，而不是消极等待。它可以通过反复试验，揭示条件和被试验对象变化之间的因果关系，辨别典型性和偶然性。实验法也是图书馆心理学研究中常用的方法。例如，我们要测定文献造成的心理影响，就可以在同一图书馆用同样的时间摆出同样品种和数量的文献，观察记录在不同的宣传条件下，各层次读者的动态和借阅实绩。

第三节　读者心理学与图书馆读者服务

一、读者心理学的概念

读者心理学是一门研究读者心理活动的规律，以及图书馆设备对读者心理活动的影响的学科。研究该学科的目的是总结、分析和归纳读者在图书馆借阅过程中的心理活动，然后系统地、科学地理解读者的心理活动及其发展方向。在理解读者心理的基础上，对图书馆的工作做出改进，从而使图书馆为读者提供的服务更加个性化。

二、读者心理学与图书馆读者服务的关联性

每个读者的阅读兴趣和阅读倾向都是不同的，因为每个读者的生活环境不同、价值观不同、受教育的程度不同、性格特征也不同。在多种因素的共同影响下，每个读者都形成了独特的阅读兴趣。图书馆只有运用读者心理学对读者的心理特征和阅读兴趣进行准确的掌握，才能为读者提供更加快捷高效的服务，才能使读者在借阅过程中获得满足感。例如，读者心理学中有对人的学习动机

的研究内容。图书馆对人的学习动机理论的研究,为提升图书馆服务质量提供了理论指导。读者能够来到图书馆,发生借阅行为,学习动机这一心理活动是一个重要的因素。学习动机的产生受到多方面因素的影响,如家庭的影响因素、学校的影响因素、自身兴趣的影响因素等。这些影响因素之间彼此交织、互相影响,图书馆管理者与研究者只有通过仔细分析研究,找出关键因素,才能用理论指导实践工作,提升服务质量。

为了能够给读者提供更为优质的服务,也为了能更有针对性地为读者找书,馆员必须对来自不同背景、受不同因素影响的读者的心理特征和阅读兴趣有清晰的了解。学习动机推动读者进行学习,同时也影响着学习态度和学习积极性。在学习动机的所有影响因素中,读者自身对学习的兴趣和积极主动的自觉性是最为关键的。强大的学习动力,往往来自正确的、崇高的学习动机。这种动机对学习的推动作用是持久的,它使读者能够在阅读中感受到快乐,从阅读中汲取知识和精神养分,从而成为读者提升文化素养的基础和源泉。

读者有各种各样的需求,也有千差万别的阅读动机,哪怕是同一位读者,在不同的时间和不同的影响因素下,也会呈现出不同的阅读动机。所以,要根据读者的不同特征,对读者进行类型上的区分,在充分了解读者的阅读兴趣、阅读倾向的基础上,对读者的阅读动机做科学而全面的分析。这样才能增强图书馆服务工作的针对性,减少盲目性,从而使图书馆的服务更加广泛和高效,使服务的水平不断地提升,使图书馆的社会效益以及社会服务功能更充分地发挥出来。

此外,环境对读者的心理影响也是非常重要的。图书馆优美的环境、完备便捷的设施会对读者的学习效果产生有益的影响。比如,在阅览室的四周张贴一些积极向上的名人名言,往往能激发读者的读书热情,提升读者的学习效果。在优美整洁的环境中阅读,也会使读者的心理产生舒适的感觉,能够更加专心地投入书本的阅读中去,有利于对书本内容的吸收和理解。读者心理学的一项重要研究内容,就是为图书馆的科学布局提供依据,即研究图书馆环境和设施的布置与读者心理活动的关系,并不断探索有利于读者阅读和思考的方式方法。

第四节 心理学在图书馆参考咨询服务工作中的运用

一、参考咨询服务工作中运用心理学的必要性

（一）能够推动经济、文化的发展

图书馆开展的参考咨询服务旨在满足不同用户的心理需求。读者对信息的需求随着现代科技的飞速发展而不断增多。只有通过对心理学的运用，图书馆在为读者提供参考咨询服务时，才能不断提升服务质量以及向更高层次发展，才能在推动社会经济和文化的发展上充分发挥图书馆的作用。比如，企业处于高速发展的经济社会环境中，信息在社会中的地位越来越重要。对于一个企业来说，对情报信息的了解和掌握是关系到企业能否在激烈的竞争中生存和发展的重要影响因素。企业用户通过图书馆提供的参考咨询服务，可以获得更多精准的情报信息，加快发展步伐，甚至对整个社会经济的发展都能够起到促进作用。对所有读者来说，不断提升的对文化知识的需求，促进了读者对图书馆的参考咨询服务需求的增加。通过这项服务，读者能够在获取所需的文化知识时更加方便快捷，从而对文化的交流、传播和发展都起到促进作用。

（二）能够体现图书馆的业务水平

时代在发展，图书馆的业务水平也必须随之不断提升。与传统的图书馆参考咨询服务相比，现代图书馆参考咨询服务中多媒体网络技术被广泛应用，传统的手工方式已经不能适应时代的需求。图书馆参考咨询工作需要借助众多的技术工具来实现和开展，服务手段也越来越现代化和智能化。在这种情况下，向着智能化方向发展的参考咨询工作对参考咨询人员的素质提出了更高的要求。

第一，各种多媒体技术是通过各种多媒体设备实现的，图书馆工作人员必须掌握对计算机和常用软件的操作技能，并且对网络以及各种数字咨询系统的运用也要非常熟练。对设备的熟悉和掌握是快捷地进行咨询服务的前提，不能因操作问题而影响咨询工作本身。

第二，对于一个图书馆参考咨询服务人员来说，对图书馆的业务以及馆藏资源的分布都要做到心中有数、有问必答。与此同时，对各类咨询资源的熟悉也不能忽视。比如，对各种工具书以及各种电子资源的内容和类别要熟悉。另外，图书馆参考咨询人员对检索技能必须熟练掌握，并且还要具有较高的水平。

第三，图书馆服务人员需要不断丰富和提高自己负责范围内的主题专业知识和专业技能。为了提升服务水平，为读者提供更快捷、更专业的参考咨询服务，他们必须能够更加及时、更加专业地应答不同读者提出的问题。与此同时，图书馆参考咨询人员通过对心理学的运用，能够在回答问题时根据读者和用户的不同心理特征和心理状态，将回答的内容更加精准和高效地传递给对方。

通过在图书馆参考咨询服务中高效运用心理学，提高了对图书馆参考咨询人员的要求，促进了他们的服务质量和业务水平的提升。

二、参考咨询服务工作中运用心理学的措施

（一）运用移情原理

移情在人们的内心世界方面起到了重要的情感纽带作用。移情原理实际上就是换位思考，即遇到一件事，除了从自己的角度看问题，还要站在对方的角度去看一看，站在对方的角度去体验一下。这样很多矛盾和误解就会不知不觉地消除。人与人之间的情感联系是人际关系的本质，双方共同拥有的心理世界越大，双方的关系和情感也就越紧密。图书馆在为读者提供咨询服务时，移情原理的运用非常重要。多为别人着想，多考虑别人的感受，并想一想如果是自己遇到了这样的事，会有什么样的感受。这不仅有利于消除工作中的矛盾，也有利于减少矛盾和冲突。

（二）运用避免争论原理

避免争论，是图书馆参考咨询服务人员必须重视的原则。争论不仅不利于矛盾和冲突的解决，还很可能使矛盾和冲突不断升级，产生更严重的后果。这是不利于图书馆开展咨询服务工作的。人们在交往的过程中，难免会出现因意见不统一或者对彼此产生一些误解而引发的激动情绪，往往导致激烈争论的发生。人们在争论中都想说服对方服从自己的观点，而结局往往是谁也不能说服谁，最后不欢而散。有研究表明，参与争论的双方，无论谁输谁赢，都会产生不舒服的感受。也就是说，即便争论中赢了对方，也不会因为赢的结果而感到开心和舒适。有时，有些争论还会上升为人身攻击，达到不可收拾的地步。尤其是在公共场所，这种争论对所有在场的人的情绪都会带来消极的影响。所以，静下心来进行协商和讨论，才是处理不同观点的最好方式。图书馆员一定要保持心平气和的状态，面对冲突和矛盾，耐心地解释和说明，努力避免争论的发生。

（三）运用第一印象原理

在人际交往活动中，第一印象往往会产生很长远的影响。人类的感知具有相对稳定性，这使我们能够根据现有的知识和经验开展了解事物的活动，并根

据现有的印象来解释事物当前的变化。第一次接触所形成的印象，会成为以后交往的基础，所以第一印象非常重要。图书馆参考咨询服务工作人员在参考咨询工作中能否给读者留下良好的第一印象，会对图书馆参考咨询工作带来深远的影响。因此，给读者留下良好的第一印象对图书馆参考咨询工作人员来说非常重要。

图书馆参考咨询服务工作人员应努力给读者留下热情耐心、积极主动、仔细认真、技术服务水平高超的第一印象，从而赢得读者长久的尊重、信任和好感。比如，图书馆参考咨询服务人员在与读者的交往中，要尽量做一名耐心的听者，多了解读者的心声和需求；保持热情的微笑；给予读者更多的尊重；真诚地对待读者，重视读者的需求，把读者的需求放在第一位；等等。所以，图书馆参考咨询服务人员应不断地丰富社交技巧知识，不断地提升自身的综合素养，努力给读者留下良好的印象，为服务工作的顺利开展铺平道路。

（四）运用提高自身素质原理

为了给读者提供更好的参考咨询服务，图书馆参考咨询服务人员应具有不断提升自身素质的意识，努力提升服务水平。图书馆参考咨询服务人员应对自己的本职工作充满热爱，应具有不断提升业务水平的追求，应把读者当作亲人般对待，对读者保持耐心、对工作保持责任心。努力用细致周到的服务影响读者、感化读者，与读者建立良好的人际关系。对读者的疑问进行及时、准确的解答，热心地解决读者遇到的困难，给读者提供贴心的服务；引导读者对图书馆的资源进行充分的利用，促使读者在社会生活和经济文化生活中，将吸收的知识更好地运用，发挥知识对社会发展的作用。

咨询服务工作需要工作人员多方面的综合能力的发挥，所以，工作人员必须掌握专业知识和专业技能，并在多方面提升自己的素养。尤其要对现代化检索手段熟练掌握，研究读者的心理现象和心理特征，与读者建立亲密的联系，保持良好的人际关系。

图书馆参考咨询服务工作人员在工作中需要扮演好多种角色，他们是读者的引导者，是读者的激励者，是与读者进行沟通和反馈的信息和情感的传递纽带。他们在工作中应充分发挥自身的主观能动性和自觉性，把每个角色的作用都充分地发挥出来，不断地提升服务质量。

（五）运用勇于承认错误原理

在图书馆提供参考咨询服务的过程中，即便是参考咨询服务人员，也难免会发生工作失误，或者犯一些错误。当读者指出这些错误的时候，图书馆参考咨询服务人员所采取的态度,对图书馆服务工作至关重要。图书馆工作人员给读者留下的印象,对于读者来说就是对整个图书馆的印象,他们的形象对整个图书馆的形象具有巨大的影响。虽然图书馆参考咨询服务人员具有较高的业务水平和业务能力,但是在遇到失误、被读者指出时,很容易出现不愿承认的现象。因为承认自己的错误从本质上说是对自我的一种否定。但是没有任何人可以永远不犯错、不出现失误。不论自身具有多么高的业务水平,也很难避免错误的发生。图书馆参考咨询工作人员应该勇于承认自己的错误,不能认为承认错误会有失颜面。积极地应对读者提出的质疑,可以减轻自己的思想负担,起到减轻压力的作用。当工作人员承认了自己的错误并采取恰当的修正措施后,读者往往是能够表现出很强的容忍性的,能够使双方的心态更加平和,解决事情的进展更加顺利。并且能够维持长久的人际关系,使已经产生的矛盾及时得到化解。

(六)运用严格遵守职业道德规范原理

职业道德是任何行业的从业人员都必须遵守的道德规范。图书馆参考咨询服务人员同样需要严格遵守职业道德规范。如果违反了职业道德规范,那么不仅服务工作的质量难以保证,而且会影响图书馆的整体形象。每一个图书馆的工作人员都是图书馆整体形象的代表,图书馆的各项服务职能也是通过工作人员来实现的。只要是服务工作,就会涉及与用户的频繁接触,也就难免产生争执或摩擦。图书馆参考咨询服务岗位对工作人员的综合素养以及职业操守有很高的要求。图书馆参考咨询服务人员应在工作中对读者持有热情和耐心的服务态度,为读者提供积极主动、细致入微的服务,要具备高水平的业务技术,保持严谨的工作作风。在各方面的工作中严格要求自己,对职业道德规范严格遵守。

第五节 读者心理学在图书馆个性化服务工作中的运用

一、图书馆个性化服务工作水平的提升途径

(一)建设特色数据库

要根据读者的心理需求,开发个性化服务内容,加强特色数据库建设。读者的需求具有个性化的特征,图书馆首先应进行充分的调查和分析,通过得出

的数据内容，做出科学合理的决策，深入了解读者的个性化需求，从而满足读者的个性化需求。图书馆务必要做好对信息内容的研究工作，因为这是个性化服务开展的前提，也是个性化服务开展的基础。特色数据库的建立，是图书馆为读者提供个性化服务的重要保障。它要在确保信息资源的丰富的同时，还要确保能够时时更新，避免信息内容的陈旧和过时，尤其要对当前新学科和高新技术的发展给予特别的关注。与此同时，对特色专业、优势专业和重点学科的有关信息，应该在保持学科特色的前提下进行重点收集和优先投入，从而确保数据库信息资源的专业性和实践性，确保读者的个性化需求能够得到满足。

（二）营造人性化服务环境

积极营造人性化的服务环境，增强读者的归属感。人性化服务环境的构建和维护应基于读者的心理特点。读者的基本需求要在图书馆环境与设施的规划中被充分地考虑到，如读者的生理需求、读者希望被尊重的心理需求、读者需要充分的安全感的需求、读者实现自我价值的需求等，从而为读者营造出一种舒心的、和谐的、积极向上的阅读氛围。

在图书馆的环境布置中，指示标志的设计非常重要，它能够帮助读者快捷方便地找到自己需要去的地方、明白自己需要遵守的规定、了解各种注意事项，从而能够在图书馆的借阅活动中有更好的体验。图书馆的指示设计是图书馆的使用指南，读者通过这些指南，能够及时接受新资源库的使用培训，能够对文献更加充分地利用，能够对图书馆的开放时间、各种规则、各种规章制度有充分的了解，并以此指导自己的行为。图书馆的各种规章制度要充分体现出人性化特征，使制度更加容易被接受和被执行，使读者能够积极主动地去遵守。

在图书馆为读者提供服务的过程中，第一，要对先进的信息科学技术充分运用，充分利用网络通信、多媒体等现代技术，使服务工作更加简便和快捷。第二，如果有条件，对读者的休闲和消遣性需求，也可以通过提供无线网络以及设立书吧、咖啡厅等来满足，并及时为读者提供新的图书馆资源培训，以提高读者对资源使用和资源利用的热情。第三，我们必须将图书馆的开放时间、借阅规则、罚款和各种规章制度的制度化和人性化有机地结合起来。

二、个性化服务工作中运用心理学的必要性

（一）用户需求的多元化需要图书馆运用心理学

由于当前各分支、交叉学科层出不穷，并表现出高度专门和综合的趋势，

用户的需求也随之发生相应的变化。如高校图书馆的读者既希望查阅到综述性的文献，又希望得到具体的数据，还希望能尽快掌握国内外有关研究的新进展、新动向和新成果，他们的需求呈现出多元化的特点。

随着社会环境的变化，用户的信息需求量大增，他们已不再只满足于书目信息，更希望根据自己的兴趣爱好和专业获取某一知识领域的信息。同时，网络信息具有动态、分散、潜在和模糊的特点，使得人们很难准确、高效地获得信息，用户面临的问题逐渐从如何查找信息转变为如何从大量信息中筛选出自己所需的信息。杂乱无章的海量信息与用户所需知识之间形成了尖锐的矛盾，这种矛盾推动着图书馆个性化服务的发展。

因此，为了满足图书馆用户多元化的信息需求，图书馆就必须将心理学运用到个性化服务工作中。图书馆通过开展个性化信息服务，可帮助用户及时、准确、方便地检索、查找、获取所需的信息，并且可以将符合用户要求的信息资源主动推送给相关用户。不仅节约了用户的时间和精力，有效地解决了信息资源的供需矛盾，还能够满足不同用户的信息需求。

（二）个性化服务实现了用户至上的现代服务宗旨

图书馆的服务宗旨是一切从用户需要出发，以方便用户、满足用户需求为目的。图书馆利用各种信息资源为用户设计个性化服务，定期为用户推送所需的信息资源是图书馆工作的中心内容，也是图书馆现代服务理念的集中体现。个性化服务的开展就是为满足用户需求，在对信息资源进行收集、整理和分析的基础上，根据用户的个人爱好、习惯和兴趣，为用户提供"量身定制"的信息服务。可见，个性化服务是尊重个性、表现个性的服务，也是图书馆发展到一定阶段的必然产物。它改变了传统图书馆用户上门的服务模式，服务的内容也不再千篇一律，可以为用户节省大量的时间和精力，真正实现了"用户至上"的服务理念。

三、个性化服务工作中运用心理学的措施

（一）构建个性化的服务体系

构建个性化的服务体系，首先应具备提供服务的基础设施，包括必需的计算机软硬件、服务器、客户机、数据存储设备和网络安全设备；其次应选择先进的数据库制作软件，必须保证系统的稳定性和兼容性，还应考虑用户界面的友好性以及元数据的标准化和批量加工的可行性；再次，应以信息集成服务理

念为核心，构建一个由用户界面、调度系统、检索系统、资源加工系统等组成的面向对象的分布式网络结构，进一步加强高性能服务器、规模化数字信息加工设备、高可靠性网络交换设备和数据库管理系统建设，逐步形成高校图书馆布局结构体系。这个服务平台是在现代化技术条件下为满足用户的心理需求而构建的，必然能为用户提供个性化的服务。

（二）个性化的服务内容中对残疾人的关注

图书馆为残疾人用户提供信息服务的基本原则之一就是个性化服务，图书馆应该根据残疾人用户各自不同的状况和特有的信息心理素质，以及由此形成的不同信息需求，采用适应不同残疾人用户利用图书馆信息资源的特殊服务方式，使他们各不相同的信息需求尽可能得到满足。这是现代图书馆开展无障碍信息服务工作的基本出发点。残疾人与普通读者相比，具有独特的心理特征，他们往往更加急躁、更加自卑、更加敏感、更加容易产生畏惧感，他们能够获取知识的来源和内容往往更加匮乏，他们往往更加追求平等，因此图书馆应该考虑到他们的心理特征，尽可能多地为他们提供更加人性化的服务。

1. 充分考虑残疾人的需要

作为公共设施的图书馆，必须在设施的构造和设备的配置方面充分考虑残疾人用户的特殊需要。在设计上实现无障碍图书馆，主要指坡道、盲道、扶手、残疾人专用洗手间、专用电梯、方便按钮、音响信号装置及无障碍标识的设计和制造。在设施方面，配备残疾人专用的阅读设备和检索设备等。如有的图书馆专门设置了视力障碍阅览室，里面的阅读设备是供视力障碍人士专用的，可以帮助视力障碍的人实现无障碍阅读，帮助其提升阅读能力。

2. 积极宣传图书馆对残疾人的服务信息

图书馆应该向广大残疾人用户和社会积极宣传图书馆馆藏信息、技术配置和服务项目，它是图书馆为残疾人用户提供个性化服务的重要内容之一。要让残疾人充分了解图书馆为他们提供的特殊服务，这样有利于残疾人消除心理障碍，帮助他们获取知识，获得自身发展和进步；有利于他们与社会的接触，参与社会活动，融入社会生活。

3. 确保对残疾人无障碍设施的管理和维护

图书馆应该保证无障碍设施的日常管理和正常使用，使残疾人用户能够安心无忧地享用图书馆信息资源。如果光配置了专用设备,却不能正常使用,对残疾人的影响比对普通人的影响更加严重。残疾人遇到设备使用问题去寻求馆员的帮助会有很多不方便和困难。残疾人的心理也更加敏感、自尊心强,遇到无障碍设施无法使用的问题时,从心理上往往也会产生没有得到充分的尊重和被忽视的感觉。所以,图书馆馆员一定要重视对无障碍设施的管理和维护,确保对残疾人的服务质量。

4. 加强对残疾人的信息培训

图书馆应对残疾人用户进行信息培训,以提高他们的信息能力和生存能力,达到使其自立、自强的目的。信息培训内容包括信息服务业务的介绍和利用信息的技术培训,培训方法可以采用分散式,对到馆的用户实施边用边辅导;也可以对网上用户采用网上实时咨询的方式;还可以采用集中式培训,包括组建培训班短期内集中培训和组建会员读书群定期或不定期地举办读书活动。

(三)提供满足用户需求的个性化服务

图书馆应该适应现代网络与通信技术高速发展的趋势,设计专门的计算机系统,为各层次用户提供满足其心理需要的、特定的个性化知识服务。

1. 个性化定制服务

个性化定制服务,就是在用户细分和数字信息内容分类及定制的基础上,在某一特定的系统和服务形式中,信息用户可以按照自己的需求和目的,对信息资源的类型和表现形式进行设定,并选取特定的系统服务功能等。

个性化页面定制服务是指用户根据自己的爱好选择页面的显示方式,它是一种为用户个人搜集和组织数字化资源的工具。运用个性化定制服务技术,用户可以创建和维护自己的个性化网页,不仅能够按照自己的需求来设计其定制网页的色调、布局等,还能够决定网页的主题内容。图书馆定期提供个性化的信息服务,在很大程度上提高了数字化资源的利用效率,也提升了图书馆的服务质量。图书馆可以通过基于网页控件的方式来实现高校图书馆电子图书、期刊、网络信息、专业数据库和个性化检索等的个性化定制服务。

2. 个性化推送服务

个性化推送服务就是根据用户的需求特点,探索基于现代信息网络,不受时空限制的、柔性的、虚拟的信息获取环境,用户根据自己的需求和目的,对信息资源类型和表现形式进行设定,并选取特定的服务功能。图书馆建立基于

页面或电子邮件的信息推送系统，就会主动将信息推送给用户。

信息推送的常见方式是频道式推送，即将某些网页定义为浏览器中的频道，图书馆根据用户的实际需求和学科特点，有目的地搜集、组织网上的信息资源，用户可以在网络上选择频道去收看自己感兴趣的信息；另一种是基于电子邮箱的信息推送，它根据用户的定制提供相应的新书信息、专题信息、专题书目、会议消息等，定期或不定期地发送到用户指定的电子邮箱中。

3. 个性化信息导航服务

随着互联网上数字信息的迅速增长，信息资源出现了分布零散、良莠不齐等问题，这就导致用户在收集所需的信息资源时非常耗时费力。图书馆可以提供一种导航式的个性化服务帮助用户寻找信息资源。个性化信息导航服务是将因特网上的节点按某些主题加以归纳、分类，依据方便用户的原则，引导用户到特定的地址获取所需的信息，为用户提供查找、选择和快捷获取资源的方法。所以图书馆参考咨询部门应对各种信息资源加以识别、筛选和科学整理，针对特定用户开展个性化的信息导航服务。

第六章　高校图书馆的阅读推广

阅读是人类最为重要的文明活动之一，它将意义从信息符号中提取出来，并且对人类非智力因素过程产生影响，同时也是人类传承、延续民族文化，汲取精神食粮的重要桥梁之一。因此，各级政府与社会组织应始终努力开展阅读推广活动。本章主要分为阅读推广理论概述、高校图书馆阅读推广的意义与方式和协同背景下阅读推广体系的双向思考三部分，主要内容包括阅读推广的基本概念、高校图书馆阅读推广的意义、高校图书馆阅读推广的途径与方法、协同背景下的阅读推广体系建设策略等方面。

第一节　阅读推广理论概述

一、阅读推广

（一）什么是阅读推广

"阅读推广"一词译自英文"Reading Promotion"，"Promotion"除了可以翻译成"推广"以外，还可以译为"促进、提升"，因此有人会把"Reading Promotion"翻译成"阅读促进"。

自从联合国教科文组织于1995年确定了每年4月23日为"世界图书与版权日"（又称"世界读书日"），"Reading Promotion"一词就经常在联合国教科文组织、国际图书馆协会联合会、美国国会图书馆和美国国家艺术基金会的"大阅读"项目中出现，这些都是对全民阅读的机构、组织的网站等的提倡。"阅读推广"在1997年后逐渐成为国内出版界、图书馆界的一个高频词与常用词。但无论在国内还是在国外，始终都没有一个非常明确的概念来定义阅读推广。比如国内学者李超平的专著《公共图书馆宣传推广与阅读促进》中就没有相关定义和阐释。究其原因，大多是因为阅读推广的含义体现在表面上，就只是对阅读进行推广或促进，因而不需要再给出具体定义进行解释。但实际上，人们越是觉得简单的东西就越复杂。近些年，学界已经慢慢开始关注阅读推广的定义了，并且准备为其制定出较为具体且概括性强的答案。

张怀涛综合了各家观点，并给出了定义："阅读推广"就是推广阅读，简单来说就是对读者的阅读能力加以促进，不管开展相关活动的是社会组织还是个人，都是对有利于社会及个人的活动进行推广，让更多人知道；而具体来说，就是为了促进人类这一独有活动——阅读，社会组织与个人采取相应的方式和途径，对阅读的作用范围进行扩展，增强阅读影响力，让人们能够更主动积极地参与到阅读的事业和文化活动当中。

而王波则从国家战略的高度出发，将"阅读推广"做了国际化定义，认为阅读推广其实就是推动人的阅读，使人类的文化得到进步、民族间的软实力得到提升，使各国富强和民族振兴的战略目标与进程得到促进。而对民众的兴趣、阅读习惯等进行培养，提升阅读质量、能力与效果等活动，则是各国机构和个人开展阅读推广活动的目的所在。

上述这两个相对全面和具有代表性的定义的共通之处就在于，这些都是在说"阅读推广"活动是与阅读文化活动相关的，并且也能从反方向进行理解，即"推广阅读"方面。并且，如果"阅读推广"可以这样理解，那么推广内容也就是阅读了，由此它就与技术推广、产品推广、成果推广与经验推广一样都属于推广学范畴。阅读推广是由机构部署的，具有职业性且有组织的文化型沟通干预活动，通过对变革行为者的引导，改变他们所认为的阅读效用的自愿行为。其中，文化性是阅读推广与产品推广、技术推广等商务型推广有所区别的标志属性。对这一全新定义来说，乍一看好像有些不符合常识，而其冲突点就在于"机构部署"和"职业性"两方面。因此我们需对以下两个常见问题做一个回答。

①如果是由机构部署而产生的阅读推广活动，那么个人推荐给他人自己阅读的好书，并且对其阅读予以鼓励，究竟算不算是阅读推广。

②如果阅读推广属于职业性行为，那么"医生推荐给抑郁症患者的《生命的重建》《人性的优点》《生之礼赞》等书籍以辅助治疗抑郁症"算不算阅读推广。

下面，就让我们来仔细分析。

首先，在第一个问题中，个人推荐给他人自己阅读的好书，这自然算是阅读推广。但这也只能算作是一种偶发的、零星的阅读推广行为，这种推广的力度微乎其微，尤其是在处于"阅读"仍需推广状态下的国家和社会。也许有人会说，星星之火，可以燎原。可是，点点星火必须在同一时间段内同时点燃才有可能形成燎原之势；即使是"明星"也必须聚集"粉丝"的力量，才有可能产生明星效应。因此，只有当很多个体聚在一起组成团体，并建立组织机构时，团体推广阅读的行为才可以上升到"推广学"的高度。

其次，第二个问题中，医生的职责就是治病救人，因此当其为了对治疗疾病进行辅助而推荐阅读时，他的行为是职业性所驱使的，不能算在推广职业的范畴中，只能算是医生职业的范畴。因此推荐患者阅读的目的仅仅是治病。只有当医院承担了阅读推广的责任，医生的推荐阅读行为才有可能因为培养了病人的阅读习惯、兴趣，提高了阅读能力和质量而被算在推广职业的范畴之中。

照这样来说，我们可以认为个体推荐阅读是无意识、偶发且零星的非职业性推广阅读行为，这样的力度还算不上是推广学的概念范畴；并且，如果从国家战略高度上来说，阅读推广需要一定的机构部署，只有机构部署才能保障阅读推广经费，那么其活动才能有规模，行为才能延续下去，直到有可能实现阅读推广的效益。

（二）阅读推广的特征

1. 阅读推广主体的多元性

阅读推广的重要性是由阅读的重要性所决定的，而决定阅读推广主体多元性的又是阅读推广。阅读推广项目的组织者、策划者、管理者与实施者都是阅读推广的主体，只要是有提高国民素质意识的企业、机构和团体，就都有开展阅读推广活动的责任。近年来，从国际组织到各国政府、图书馆界、出版界、非营利机构、教育机构、医疗机构、大众传媒机构等均推出了相应的阅读推广项目，所以这些都是阅读推广的主体。其中，阅读推广的国际组织主要包含联合国教科文组织、国际阅读协会、国际图书馆联合会与国际儿童读物联盟等；阅读推广的非营利机构包括基金会（如韬奋基金会）、志愿团体（如网络公益小书房）、民间组织（如万木草堂读书会）、行业协会（如中国图书馆学会）等。不同阅读推广主体对个体阅读的引导效果也会不同。当前，全民阅读推广工作的长期性、艰巨性决定了多元阅读推广主体之间长期共存、合作共赢的关系格局。

2. 阅读推广客体的丰富性

阅读推广的内容即阅读推广的客体，主要由三部分组成，即阅读能力、阅读读物和阅读兴趣。而阅读推广的基础在于图书、期刊和报纸。从全球范围来看，阅读推广的读物并不是只包含纸质资源等一些传统出版物，电影、游戏、音乐和网页等都是在推广范畴中的；而阅读推广的主要目标就是提升阅读能力，主要表现在内容理解能力、识字能力、批判分析能力、阐释能力与创新能力等方面，较容易通过量化的指标和方式进行评估和测试。阅读兴趣则是一种持续的阅读意愿和欲望，增强阅读意愿是阅读推广较难达到的目标。阅读读物的海量性、阅读能力的参差性、阅读兴趣的内隐性成就了阅读推广客体的丰富性。

3. 阅读推广服务的活动性

阅读推广是一种关于阅读的文化活动。阅读推广服务通常是以活动的形式提供的，每一个阅读推广项目都离不开阅读活动的开展，且项目规模越大，活动就越丰富多彩。例如2012年澳大利亚国家阅读年项目邀请了43位宣传大使，与20多家企业合作，开展了4000多项活动，分布在从首都到中部山区的广大区域，面向各个不同的年龄段，其中包括"我们的故事""我们到了吗""什么时候开始读都不晚""描写工作中的人""保存土著文化""加入图书馆""读书时间"等大型活动；美国的"一城一书"阅读推广项目以一本书作为活动的基点，开展相关活动，如读书讨论会、学术研讨会、作者访谈、作者见面会、作品展览、电影放映、演讲、游览、作者演唱会等，以贴近生活的形式促进人们之间的交流。我国的全民阅读活动形式更加多样，如"源远流长的中华典籍"大型广场活动、"书香中国"电视特别节目、图书馆阅读服务宣传周、高校图书馆的读书月，以及图书银行、送书活动、读书知识竞赛、微书评、读图、真人图书馆等常用阅读推广形式。因此，与图书外借阅览等传统服务相比，阅读推广应当算是一种活动化的服务，而且是服务成本较高且受益读者较少的活动化服务。

4. 阅读推广对象的明确性

阅读推广项目的目标群体即阅读推广的对象。人在阅读中占主体地位；而在阅读推广中，社会阅读推广的对象为全体国民；而从微观个体的阅读推广项目来看，是有共同特点的，即有着明确的目标群体。比如在英国，"阅读之星"项目面向的是不爱阅读却喜欢足球的5～6年级小学生和7～8年级初中生，"夏季阅读挑战"项目鼓励4～12岁的儿童在暑假期间到图书馆阅读6本书，而"阅读六本图书"项目则主要针对不爱读书或者阅读方面不自信的成年人，"信箱俱乐部"面向7～13岁的家庭寄养儿童邮寄装有书籍、数学游戏以及其他一些学习材料的包裹，"Book Up"项目面向所有7年级学生发放免费图书；美国的"触手可读"项目面向6个月至5岁的儿童进行阅读推广，"力量午餐"

项目通过志愿者利用午餐时间到附近的小学对来自低收入家庭的小学生进行一个小时的志愿阅读;新加坡的"读吧,新加坡"每年都有明确的推广对象,如出租车司机、美容师等。总体来看,各国都十分注重以未成年人为对象的阅读推广;此外,被人们所重点关注的阅读推广对象还有老年人、低收入人群、残疾人和进城务工人员等弱势群体。

5. 阅读推广效果的滞后性

开展阅读推广所产生的结果与影响就是阅读推广效果。阅读推广主题在阅读推广活动展开时,不能只将计划完成就行了,还应注重阅读推广的质量。能够体现阅读推广效果的是阅读推广对象的变化,这些变化主要表现在个体的知觉、态度、行为、习惯等方面。张怀涛认为,阅读推广的知觉效果是指通过阅读推广人们是否对"阅读"有了初步认知和感觉,是否增加了有关"阅读"的知识量,这是一种浅层效果;而阅读推广的态度效果指的是能否激起人们阅读的热情和对阅读的主动态度,这代表着中层效果;而阅读推广是否被实施在人们的行动上,以及能不能将一定时间与精力理性地投入阅读之中,从而提高自身的文化素养与阅读能力,这是阅读推广的行为效果,也是深层效果;而阅读推广的最佳效果就是其习惯效果,指的是人们能否通过阅读推广促进良好阅读习惯的养成,使阅读变得生活化和常态化,这属于最佳效果。由于个体的知觉、态度、行为变化的渐进性与内隐性,以及习惯养成的长期性,所以阅读推广效果具有了滞后性,且难以观测和量化。

(三)阅读推广的创新

1. 建立基本组织结构

高校图书馆在对基础阅读管理机制进行建立时,应当将建立的基本组织结构进行强化,开展相应的读书活动,同时这也促进了学生的整体发展。高校的相关管理人员应该对学生进行引导,促使他们正确地进行阅读,不仅要定期安排他们阅读,还应让其时常表达自己的读书心得,以此优化自身的阅读方式。此外,高校图书馆的管理人员要想建立阅读推广委员会,所要依据的就是自身发展状况,这样也更利于辅助优化学生的阅读体验,使教师对校园的基础环境进行合理利用,并推广更多相应的阅读活动。

相较于高校来说,基础阅读推广委员会要相融合于校园内部的有关专业人员,从而组成具有专业素质的领导机构;且集中安排了创新服务形式与阅读推广活动,并与整体阅读项目一起成为学校发展的物质资源与基础动力。同时,建立阅读推广委员会对于高校图书馆来说,会更加有利于提升学生的基础阅读素质。

2. 强化基本的推广活动

让相关管理人员的素质得到提升，是高校图书馆进行基本服务创新、阅读推广时首先要做的。高校图书馆馆员还要加深对图书推广重要意义的认知，并进行有关图书推广的一些培训，提高自身的思想意识，从而带动整个服务项目行为的创新。此外，高校管理人员还可以面对面地相互交流，按照学生的发展情况、资金的运转能力等，邀请相关书籍作者一起进行交流，以便提升学生的阅读意识和体验，有效地对学生的文化素养进行提升。

3. 设立基本的自助机构

大学生在除去上课时间外，大部分的学习时间都是由自己支配的，这一过程就是为了重点培养学生的自主学习能力。并且，高校图书馆也要以这一特征为依据，建立起完整的阅读推广自助机构。

管理人员为了建立学生自助阅读组织，要更好地辅助学生进行书籍的基础阅读，并集中关注相应的阅读心得。此外，高校的管理层还要对图书馆进行一定的资金支持，为图书馆引进更好更合适的书籍，并开展相应活动。高校图书推广项目应对学生进行鼓励，增加其阅读量，在全校范围内推广有意义和有价值的图书。同时，建立自助机构也能使学生的自主意识有所提升，且更好地辅助学生开展阅读活动。

4. 开展基本的阅读交流活动

高校图书馆要对阅读交流机制进行建立，让学生将自身获得的良性阅读感受、体验等进行输出，促进学生建立相互学习的互动模式。并且，还能从学生阅读经历的认知出发，开展相应的创新型项目，鼓励学生建立多样化的阅读交流体系。同时，相关的图书馆管理人员还应好好利用大学生的思想特质，建立相关交流机制，帮助学生提升自己在交流中的阅读素质。在对基础交流活动进行设计时，其实并不需要很华丽的设置，只要增加一些交流场地，运用最平凡的交流体系，就能够使学生实现实质化的交流互动。

二、阅读推广的现代理念

（一）阅读推广的"全民"理念

联合国教科文组织设立"世界读书日"是希望散居在世界各地的人，不管是年轻还是年老，贫穷或富裕，健康还是患病，全都可以享受阅读的乐趣，以及感谢和尊重在人类文明发展中有过贡献的文化、文学、思想大师们，同时保护自身产权等。从阅读推广所具有的"社会公益性"来看，尽管某一个具体的阅读项目都有明确的阅读推广对象，不可能涉及"全民"；可综合整体的阅读推广工作，则应该让所有的公民都能享受到阅读推广的益处。

（二）阅读推广的"服务"理念

范并思教授提出"阅读推广是一种服务"，无论是编制导读书目还是组织读书活动，其目的都是为读者的阅读和学习提供服务。尽管"推广"是一种沟通干预活动，但是阅读推广干预的目的是帮助读者喜欢上阅读、学会阅读，而不是对读者进行价值观与品行方面的教育。尽管"推广"还具有教育属性，许多人也认为阅读推广应该对读者的阅读内容、阅读形式甚至阅读习惯进行教育。然而，这种教育多半是针对不爱阅读、不会阅读以及有阅读障碍的人群而进行的，对于大多数普通读者而言，只需提供中立的、非干扰的服务型推广即可。同时，阅读推广作为一种公共文化服务，其公共产品的公益性与非排他性还要求阅读推广应当保持服务的公平性，不能在其中掺杂具有党派教义的"教育"。即便图书馆拥有教育职能，也强调图书馆馆员只是对传递文献和咨询服务进行管理，而不能介入读者选择文献的过程中；对读者的阅读也不能进行指导，而是完全将知识、信息的选择权交给读者，同时为其保守秘密，防止第三人知道其所阅读的内容。图书馆也因其保持服务价值的中立性而受人赞美，认为它的存在是社会民主制度的一种安排。当下，阅读推广服务已成为图书馆的一种主流服务，尽管这种服务具有活动化和介入式的特征，却丝毫不影响其平等、包容、专业的优质服务理念。阅读推广人也应该对图书馆的核心价值体系予以遵循。

（三）阅读推广的"自由"理念

"自由"不仅是法学与哲学名词，同时也是日常生活中的用语。"自由"在《现代汉语词典》中有三种含义：①在法律规定的范围内，按照自身意志而活动的权利，例如自由平等；②从哲学上来说，其将人认识事物发展的规律性在实践中自觉地运用起来，可将其称为自由；③不受限制和拘束，例如自由发表意见和自由参加。阅读所坚持的自由理念并不属于日常用语中的自由范畴，也不属于哲学意义上的自由范畴，而应该属于法律层面的"自由"范畴。主要包括阅读自由、藏书自由、信息自由三个方面，其中阅读自由是整个现代社会文明，尤其是图书馆应该奉行的宗旨。图书馆馆员无法突破出版制度的藩篱，但对于"有关部门和有关领导"的过度关心和柔性干预，要秉持职业操守和道义而予以抵制；即便是需要成人进行阅读指导的儿童，无论怎么强调他们的"自主阅读"都不为过。信息自由包括信息获取自由和信息表达自由。

（四）阅读推广的"权利"理念

一般意义上"权利"是与"义务"相对的，指的是权利与利益。

阅读是一种权利，也是在现代社会中公民需要遵循的一条铁律。而阅读推广所遵循的"权利"理念，则指的是公民的阅读权在任何阅读推广主体主动开展任何阅读推广活动时，都应当给予保护。其中"阅读权"是指每个人都应当依法享受的阅读利益和权利，其主要内容是阅读的自主、自尊和自由，将读者的个性体现作为特征，反映了有着"天赋价值"的人本主义精神。公民阅读权利概念的演化所依据的是信息权利、文化权利、受教育权利、读者权利和图书馆权利等相关概念，而公民阅读权利的五要素即利益、资格、自由、力量、主张（或要求）。具体来说，每位公民都拥有的权利包括参与组织阅读的权利、利用阅读空间和图书资源的权利、阅读成果受到推广和保护的权利以及进行创造、创作的权利。

为了对公民的上述阅读权利予以保障，自2013年以来，国家立法工作计划中加入了全民阅读立法，江苏、深圳、湖北、辽宁、四川等省市相继出台了地方性阅读法规，并设立了全民阅读组织或机构，指导公共服务、规范经费，细化新闻出版和关照特殊群体等方面的职责，这些在各地立法当中都属于高频词汇；从组织架构到基金经费，从公共服务到部门职责，这些关于全民阅读推广的"主干"和"枝节"，在5部地方性阅读法规中都有明确表述。由此可见，阅读立法不仅对社会立场中的公民阅读权利进行了保障，同时还保障了机构立场中推广主体的职业权利，其体现出的是一个国家的文化追求和梦想。

三、国内阅读推广的研究现状

（一）国内阅读推广的研究概况

阅读的存在由来已久，而随之产生的阅读推广也具有历史意义。但实际上，国内学界真正意义上对阅读推广的研究却兴起于近十几年。我国图书馆业界最有影响力的社会组织，即2006年中国图书馆学会成立的科普与阅读指导委员会，标志着我国阅读推广有了专门的组织机构，意义十分重大。后在2009年又更名为阅读推广委员会，其成立是为了使全国图书馆界联合社会各界力量进行阅读推广与指导，从而开展阅读推广活动。这对研究阅读服务和文化起到了增强作用，并且还集聚了一批从事阅读推广教育和研究的专家，产出了大量的阅读推广研究论著。

从文献量方面来说，国内阅读推广研究文献基本呈现出上升态势，关于这项活动的研究起始于 2005 年，也就是说在成立科普与阅读指导委员会之前就开始研究了；其于 2009 年以后急剧增加，即阅读推广是在科普与阅读指导委员会更名之后受到更多关注的；后来几年中，论文的数量也呈直线上升态势，这就说明随着新技术与新媒体的兴起，各界对阅读推广研究的关注度增加得非常明显。但国内大部分学者对阅读推广的理论研究和实践活动的关注，很少会因为探讨阅读推广的演进而分析该领域的文献。

经过十几年的发展，国内的学者愈发清楚应当怎样研究阅读推广的重点与方向。2009 年，研究者对这一领域的研究对象、重点和内容的系统性认识十分匮乏，所以讨论范围主要围绕"儿童"群体而展开；等到了 2010 年以后，阅读推广的主体开始由公共图书馆扩展为高校图书馆，在研究阅读服务方面，特别是少儿阅读方面得到了进一步深化，开始出现"少儿图书馆"和"分级阅读"等。又过了几年，阅读环境开始发生变化，就出现了数字阅读，进一步扩大了研究的范围。从"公共图书馆"到"高校图书馆"，从"经典阅读"到"数字阅读"，这其中并不只是阅读推广研究主体和对象有所变化，而是随着不断开展的阅读推广活动，其推广的内容边界进一步被拓宽、应用领域进一步深化、对象也进一步被细分。另外，在研究阅读推广方面，其研究方向也渐渐变得明朗，其重点由应用研究开始向理论研究转变。

在 2018 年全国两会上，全国政协委员、民进中央副主席朱永新向全国政协十三届一次会议提交了《关于建立国家阅读节，深化全民阅读的提案》，建议把全民阅读提升为国家战略，设立国家阅读节，支持举办共读活动，推动全民阅读走向深入。国务院办公厅提请全国人大常委会将制定全民阅读促进条例（新闻出版广电总局起草）列入 2018 年立法工作计划。

（二）国内阅读推广的研究主题

1. 高校阅读推广

高校图书馆的阅读推广研究成果，相比于有研究主题的阅读推广来说算是比较多的，并且也比较系统，主要涵盖了下列几方面。

（1）关于高校阅读推广主体的研究

在高校中，最为主要的阅读推广主体就是图书馆馆员。在整个阅读推广进程中，图书馆馆员需要先准确地定位个人角色，努力扮演好多重角色，比如道德引导师、组织管理者、活动设计者、沟通激励者等。为了使馆员达成对角色

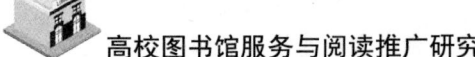

定位的认同、掌握阅读推广的基本技能，图书管理层人员应在多方面都给予支持，如制定合理的考核标准、重视馆员职业发展、创建高绩效推广团队，以及加强对图书馆馆员"阅读推广"职业情感等方面的培养。

（2）关于高校阅读推广内容的研究

图书馆现有的服务、馆藏资料，及读者对购买、阅读等的需求程度是高校阅读推广内容的主要确定依据。其中有不少有关读者阅读需求的研究，以及阅读书籍类型的调查等都存在很高的相似性，比如计算机类、外语类、教辅类、文学类等图书都排在前列。因此，也有许多学者开始研究起经典阅读和推荐书目等，例如王波在高校图书馆新生教育活动讨论中就曾指出，新生教育推荐书目是在一个体系之中存在的，分为校史校情书目、心理健康教育书目和综合素质教育书目三种类型。

（3）关于高校阅读推广对象的研究

在校大学生是高校阅读推广的主要对象，研究也主要集中在大学生阅读心理和阅读行为等方面。其中，阅读行为主要涵盖了阅读内容、阅读时间、阅读倾向、阅读数量、阅读费用、阅读方式和阅读环境等；而阅读心理则主要包含了阅读动机、阅读需求、阅读观念和阅读兴趣等。

（4）关于高校阅读推广模式和策略的研究

高校学生的阅读特点通常体现在多样性、功利性和休闲性上，从不同角度出发，研究者对不同的阅读推广策略与模式进行了研究；从时效性上看，阅读推广短效机制的建立可以将大学生的阅读热情充分激发出来，例如开展读书论坛、名师阅读讲座等；但建立阅读推广的长效机制则可以让大学生的阅读热情始终保持在一定程度上，比如类似读书会社团的设立、对导读刊物进行编印等。在阅读推广的物理空间内，高效阅读推广模式有三种，分别是网络阅读推广模式、馆内阅读推广模式、馆外阅读推广模式。

2. 数字阅读推广

数字阅读简单来说就是阅读的数字化，其含义可分为两层：第一，阅读对象的数字化，例如网页、电子书和网络小说等；第二，阅读方式的数字化，也就是阅读的载体，例如电脑、手机等。阅读内容因为数字阅读的网络化与泛在化而不受时空的限制，也能从多角度与多维度中让阅读主体获取知识点。再加上数字阅读有快捷性与便利性的特点，因此与纸质阅读相比，数字阅读存在更多优势，如提升信息素养、缩小数字鸿沟、帮助人们转变思维方式和助推书香社会等。

图书馆作为阅读推广的主要机构，可以在以下三个层面开展数字阅读推广。其一，阅读引导，也就是多角度、深层次地揭示并组织信息内容，通过读者容易使用的数字方式将馆藏资源展示出来，方便读者获取信息；其二，阅读提供，也就是其中心为读者，面向读者提供资源下载、在线阅读、阅读推广理论与实践、数字移动阅读器外界服务等多种多样的阅读方式；其三，阅读互动，也就是图书馆建立和读者之间能够积极互动的机制。

3. 阅读文化研究

这一研究在研究人类的阅读活动时是从文化视角入手进行的，并把阅读当成一种文化现象来看待，在社会历史整体环境中加入这种现象再综合进行考察，从而将其社会功能和文化内涵一一总结出来。但阅读文化的建立是基于一定技术形态和物质形态基础的，并且还受社会环境和社会意识的制约，因此阅读文化活动、价值观念等才得以形成。较为明显的特征有时代性、区域性、民族性和关联性等。

在阅读方式上，传统的、现代的阅读以及深阅读和浅阅读才是阅读文化讨论的重点。而深阅读，就是阅读主体在较为系统的符号、书面语言中，还有广泛知识信息量中获取意义的心理过程、实践活动与社会行为；浅阅读，就是阅读主体在书面语言、符号中获取意义的心理过程、实践活动和社会行为。

在阅读活动方面，在研究阅读文化时包括阅读疗法、阅读推广、阅读需求、阅读指导和阅读心理等方面。而在所有的实践当中，其具体运用即阅读疗法，也可称为"图书疗法"。其媒介自然是阅读文本，将平常的保健、辅助治疗疾病、养生等方法替换为读书，这样人们就可以对文本内容进行有针对性的接受、理解和领悟了。同时这样也有利于身心健康，以及对精神的养护与调理。

虽然对于阅读文化的研究国内已经积累了很多成果，但是仍然需要对问题进行研究和解决。同时还应进一步研究阅读对人类知识结构、思维方式的影响，以及阅读是怎样随着时代变迁而发展的等问题。

第二节　高校图书馆阅读推广的意义与方式

一、高校图书馆阅读推广的意义

（一）有利于学生阅读习惯的养成

培养学生、教授等人才的主要阵营即高校，学生在高校中开展学习活动，所依靠的不再是教师与家长的教导，而是需要学生自身树立学习的意识，发挥起主观能动性，并自主制订学习计划与建立学习通道。高校图书馆这一机构就是用来提供相应服务的，学生要想进一步提升自身的知识储备能力，就需要在图书馆中进行充分的阅读和学习。但是，因为应试教育的结构，学生入校前的阅读时间很少。在阅读方面，学生也还没有一个清晰的认知，缺少最基本的阅读人文性与结构性；也并不是很关注阅读架构方面，这就会导致很多学生在进入大学之后依然没有一个好的阅读习惯。即便是高校有综合性的图书馆，但大部分学生的使用时间也只是学期考试期间。学生的阅读计划不明确，高校图书馆推广基础阅读也没有较大的监管力度，这样就会导致学生的阅读理念越来越不清晰。

（二）有利于提高大学生综合素质

高校图书馆，即大学生进行学习的第二课堂，同时也是十分重要的课堂。大学生综合素质的提升在开展阅读推广工作中有着非常重要的意义，且高校图书馆不仅为大学生的科学研究与专业学习提供了咨询服务与文献资料，与此同时，还给学生预备了各种类型的阅读材料。大多数学生在阅读时存在盲目性、片段性、随意性、功利性等不足，而这时图书馆实施阅读推广工作，就会让更多学生有针对性地进行阅读，遵循自身个性的发展规律。

由于存在应试教育机制，所以大学生会更专注于计算机考试和英语四、六级考试等，很少会去阅读人文类材料。大学生远离或反感书本阅读大多都是因为网络阅读具有随意性和轻便性特点，同时也使其体会不到阅读思考所带给他们的乐趣。而高校图书馆通过阅读推广活动的展开，可以指引大学生提高阅读的兴趣，形成较好的阅读思考习惯，开阔自身视野、陶冶情操，同时使大学生的素质得到提高。

（三）有利于传承传统文化

高校的基本作用和职能是培养和输送人才给社会，而大学生则承担着将优秀传统文化进行传承的使命。高校图书馆除了在信息上为教学与科研工作提供支持外，同时也是传承优秀传统文化的重要基地。青年学生常常会因为好奇未知世界，从而对传统文化的认知、感悟等有所忽视，那么，图书馆就可以通过各种形式的活动感染和吸引大学生对传统文化进行认识、理解和感悟,并让大学生真正认识文化传承、创新的价值,这些都是时代所赋予的使命。

二、高校图书馆阅读推广的方式

(一)约束式与开放式策略相结合

高校图书馆阅读推广的开展可以分为两种策略,即约束式与开放式。其中,约束式的阅读推广是将一类课程或技能当成阅读,并通过能力、课程评定的权威性来鉴定阅读能力、制订学分的方式;而开放式的阅读推广则是将读者群体的需求目标作为导向,一般其载体是活动,开展一些多主体参与的创新空间大、形式灵活的阅读推广活动。

高校图书馆阅读推广不同于公共图书馆阅读推广最明显的一点,就是阅读推广的对象较为单一,并且有着教育教学背景环境。因此按照教学学分制对阅读训练进行约束式培养是合乎教育教学规律的,例如阅读认证制和选修学分制等;约束式阅读推广策略的不足之处在于,所涉及的推广对象仅仅是有意愿阅读的部分学生。而开放式的阅读推广策略则能将全部有可能的阅读对象都进行关注。因此,把这两个策略相结合可以形成张弛有度的可持续发展的长效机制。

(二)开展馆际互借

因为受经费等各项条件的影响,读者的教学科研需求和多样化的信息需求在单个高校图书馆的馆藏资料中已经得不到满足了。而想要满足这种信息需求,弥补馆内资源的不足,就需要进行资源的共建共享,并开展馆际互借。这也是对读者进行阅读推广的有效方式之一。馆际互借,指的是两个或两个以上的图书馆间进行互借图书的活动,其中,互借范围有期刊、图书、会议论文和学位论文等图书馆馆藏文献信息。

(三)积极开展各项活动

1. 开展多样的书展活动

为了对读者的阅读需求进行满足和扩展阅读面,使读者能更为方便地查询信息,高校图书馆可以结合高校读者的阅读倾向和新时期的阅读热点,并选择相关馆藏资源,阶段性地在书库和图书馆大厅开展经典图书、新书样本、畅销图书和必读书目等书展活动。同时通过一系列活动激发读者读书热情并引导阅读,且每一次书展活动都可以规定好主题并展出相应类别的图书。

2. 开展图书漂流活动

这项活动有相对自由的图书借阅形式，目的是使信息共享得以实现，形成了传递诚信、知识与和谐理念的知识交流活动。该活动的借阅规则并不严格，有着形式灵活的随机性特征，且其中还增添了趣味性色彩，比较适合高校的学生读者。在高校图书馆内建立图书漂流站，并对高校师生予以鼓励，尤其是即将毕业的大学生，可以将自己闲置出来的、思想健康的图书进行捐赠，让图书漂流活动获取更多的文献资源。同时，还可以制定一些活动规则，在拟定过程中以鼓励参与为主，每当一本图书回漂，那么学生就能得到一张书卡，而且还能参加抽奖活动。这样一来，不但会有更多的读者被吸引过来，还能提升图书回漂率。

三、高校图书馆阅读推广的必要性

（一）"阅读推广"是高校图书馆工作的常态

能够对图书馆工作的繁杂有切身体会的，就是在高校图书馆借阅岗位上工作的图书馆馆员。这一位置看起来像是已经"被遗忘"的角落，但实际并不是这样的。图书馆馆员每天都在进行着图书借还工作，并且非常认真，同时还时常得到新的启发，并且他们每天都在重复这种相同的工作，面对一些对知识有所渴求的大学生读者，对他们进行着阅读推广的工作。我们不能否认，大部分阅读推广的宝贵经验都是在图书馆馆员的日常工作中得出的。人们也常说，馆员工作里面是有哲学意义的，说起图书馆馆员这一职业，有人会认为馆员只是对读者相关咨询的解答以及管理借还书籍，没什么技术含量且微不足道，这些都是对这项工作的错误认知。实际上，每位在流通部门工作的馆员无时无刻不在进行阅读推广的工作，时刻都在推荐好书给读者。自从倡导了全民阅读活动后，高校图书馆就常常举办"读书节"，积极向学生推广好书、新书，加强大学生阅读。

（二）高校图书馆阅读推广是"正能量"的推广

图书馆的所有专业研究，馆内的所有工作，最后都会落实到为读者提供的阅读服务方面。其中包含了为读者建设专业化的馆藏资源，提供良好阅读环境和学习研究平台，发挥助读作用等。阅读推广主要是研究怎样对读者进行丰富多彩的导读活动，而图书馆工作的未来走向就是《政府工作报告》中全民阅读工作的提出。在社会机制中引入全民阅读工作，且创造性地开展阅读推广工作，这也是未来发展的趋势。同时，图书馆员也应当将自己的全身心都投入阅读推广工作中，并利用自己的才华为图书馆的阅读推广工作开辟一条崭新的道路。

（三）图书馆馆员参与社会阅读推广义不容辞

在高校图书馆的阅读推广工作中，主体为图书馆馆员，且图书馆馆员要在做好自己馆内推广工作的情况下，积极学习其他高校阅读推广的先进经验，并经常沟通与交流阅读推广工作获得的成效。图书馆的阅读推广工作是一项长期且艰巨的任务，需要馆员发挥自身的才能，充分将阅读推广的作用发挥出来，还可以开展馆外的辅助性阅读活动。高校图书馆的阅读推广工作应当先尝试走出学校，走向社会，参加各种面向全社会的阅读推广活动。各个高校的图书馆可以尝试为社会提供相对限度的文献信息服务，基于确保本校师生教学科研的日常所需，而为本市和本校周边的居民办理借书证和阅览证，并且试行面向社会开放服务和积极推广阅读的志愿者活动。这都是为了能够充分促进文献资源的共享，发挥高校图书馆的社会服务功能。还要充分发挥图书馆馆员在阅读推广工作中的带头作用，这不仅是馆员应当做的本职工作，还是其探索性的阅读推广工作，将主动、积极和创新的阅读推广工作态度体现了出来。

第三节 协同背景下阅读推广体系的双向思考

一、协同背景下的阅读推广体系建设策略

（一）构建多维评价机制

图书馆阅读推广活动进行"成本—效益"评估的意义非常重大。通过评估，能够对图书馆的问题进行发现和总结经验，从而对今后的活动实现更好的指导。为了不让因评价主体单一导致的评价结果偏颇的情况再度发生，应加强构建多维评价机制，其中，这一机制应包含三个层面，即图书馆自身评价、上级单位评价和读者评价。在读者层面对活动的效益评价可以量化成读者参与广度、读者参与深度与读者满意度3个一级指标，这3个一级指标又可细分成读者参与数量、到馆时间是否增加、读书兴趣是否增加、读书数量是否增加、知识能力是否增强等8个二级指标。这些指标的获得可运用问卷调查和数据统计的方式。图书馆自身对于活动的成本评价则可量化为投入的人力、物力、财力、时间、

是否需要与外单位合作、是否需要与本单位的其他部门合作等6个一级指标，其都有着操作性强、易被收集统计的特点。各个高校都可以以此为目标进行实践。而上级单位对活动进行的评价则可以落实到宣传力度和成果质量2个一级指标上。

（二）多渠道进行阅读成果交流与推广经验分享

无论是哪类机构组织开展阅读推广活动，为了活动影响力的扩大和确保阅读推广活动的持续开展，都应充分展示其活动成果，使大众真正看见阅读推广的效果。读书心得是"一校一书"阅读活动的直接成果，仅凭网上交流的渠道明显是不行的。各高校可将本校优秀的征文编印成集，并分发到图书馆的自习室、阅览室等库室进行校内传阅。此外，还应赠送给全省的其他高校，实现校外的纸本传阅，通过这一方式弥补网上定期交流的不足。对于推广经验的全面盘点即活动总结，只是馆长在最后年会上进行交流介绍会显得过于单一，并且年会的时间也是非常有限的，几十所高校并不能一一进行宣讲。所以，各个高校可以将"一校一书"活动在本校的图书馆页面上发布出来，使全省的每个馆员都能学习到不同图书馆的做法。另外，高校图书馆还可以向省高校图工委提交活动盛况的视频文件，再经过图工委的编辑加工后在网上进行传播，让全省的大学生读者都能全方位、多渠道地将活动成果分享出来。

（三）创设"一校多书"阅读推广活动

因为需要尊重读者的阅读选择权，而"一校一书"又在一定程度上对读者的阅读倾向存在干扰成分，所以许多读者的参与程度并不是很高，活动推广的难度也在慢慢加大。但是，有难度就要改变，因此高校可以选择将"一校一书"变为"一系一书""一班一书"。学校提供的书目推荐单也不应该只是各媒体的年度好书榜，因为虽然好书榜上的图书都比较新，但是还没有经过时间的检验，因此很多高校推荐的精读图书仅仅是心灵鸡汤一类的励志读物。因为这种情况的存在，各高校图书馆可以试着自己制作推荐单。例如先分类，将国别、出版社、主题、作者一样或是内容相近的图书放到一起，主要是古今中外的一些精品图书与经典的名著等。同时还可以将单纯的撰写读书心得变为"读书故事会""读书演讲比赛"等各种各样的阅读活动，吸引高校与读者主动参与进来，使得协同背景下的区域性阅读推广活动可以保持稳定健康发展。

作为协同阅读推广体系的一种尝试，"一校一书"阅读推广活动在创办时，借鉴了美国"一城一书"活动和新加坡国民阅读活动的成功经验。然而，在本土化的过程中，还是出现了诸多缺陷。可喜的是，随着活动的持续深入推进，

2015年以后开展的"一校一书"推广活动有了许多改进，突出表现在活动的评价机制上。首先将优秀读书心得的评选权下放到了各高校，根据学生人数，每所高校选出 3～5 篇文章送省高校图工委进行复评；优秀组织奖的评选、考核更全面，要求提交活动总结、活动绩效考核表、不少于 15 个页面的活动 PPT 以及 10 张活动照片；优秀创意奖更名为"创新案例奖"，参与评选的案例必须持续开展 1 年以上，同样需提交案例总结材料、PPT 以及活动照片；增设了"优秀阅读推广人"奖等。更值得称道的是，该活动从 2016 年起改由湖南省教育厅主办，湖南省高校图工委组织实施，具有了行政推广属性，使得全省高校图书馆开展活动的积极性进一步提高，活动逐步走上了科学合理的人性化发展轨道。

二、"一校一书"阅读推广活动概述

湖南省普通高校图书馆"一校一书——经典、精读、经世"阅读活动是由湖南省教育厅高等教育处以及中国图书馆学会阅读推广委员会指导，湖南省高等学校图书情报工作委员会组织的，每年计划开展一次，试图努力打造成有持续影响力的区域性高校图书馆阅读推广品牌。同时这也呼应了湖南公共图书馆主推的"三湘读书月"活动，目的是共同促进"书香湖南"建设，弘扬湖湘文化。

（一）"一校一书"阅读推广活动的正向思考

1. "一校一书"阅读活动是共同阅读的有效组织形式

按照阅读一本书过程中需要参与人数的数量，可以把阅读分为两种，即个别阅读、共同阅读。长期以来，传统应试教育就是对学生的个别阅读习惯进行了重点培养，学生会在无形中认为读书是个人的事，与别人无关。也就不会主动与同学交流分享自己的阅读心得，常常是一个人在战斗，走入社会后自然就缺乏与人合作的意识和能力。然而，尽管现代社会物质高度丰富、科技不断进步，可人与人之间的关系不仅没有靠拢，反而更加疏远了，而人们的情感需求在手机、电脑、高楼大厦的映衬之下显得尤为迫切。而共同阅读正好与这种时代发展要求相适应，并且成了当代生活的主要方式之一。而共同阅读中一种非常有效的组织形式就是"一校一书"阅读活动，大家共同阅读一本书，使读者不仅能在自身阅读中获取营养，还能在他人阅读中获得灵感，以此使群体的精神生活空间变得更加广阔。

2. "一校一书"阅读活动是经典阅读的良好契机

阅读经典其实就是学习"大师"的理论，这对于具备一定知识涵养的大学生来说都是能理解的。但是，复旦大学的调查则显示，经常阅读学术类著作、期刊和人文社会科学典籍的大学生不足三成。那么大学生是因为什么才会在阅读时尽量避免经典呢？原因可能是经典本身由于人名过长、人物过多、缺少故事情节等原因而造成读者读不明白的情况发生；而另一主观因素则是由于在传播技术失控的时代，碎片化、快节奏的生活方式很难使人们静下心来阅读。这也就不难理解中国四大古典名著《红楼梦》《三国演义》《水浒传》《西游记》，以及《百年孤独》《尤利西斯》《瓦尔登湖》等外国名著会被90后列为"死活也读不下去的书"了。但"一校一书"阅读活动刚好可以弥补上述阅读的缺陷，大家共同阅读同一本经典，互相交流阅读的感受，询问阅读的进度，克服阅读中产生的困难，在这样的相互勉励中将人们难以理解的经典变为"甘之如饴"的经典。

3. "一校一书"阅读活动是深层阅读的重要推力

当下，大学生"一人一手机、一人一电脑"已成现实。电脑、手机等网络终端的广泛普及除了会开阔大众视野外，也会使得深层阅读总有一天会代替跳跃性、快餐式且碎片化的浅层阅读而存在。现在，校园里几乎全都是"低头族"，使得人们开始担心这种走马观花式的阅读行为，如果长此以往，很难说不会对大学生造成视力低下、性格孤僻、思维退化等身体与心理障碍。在此背景下开展的"一校一书"阅读活动，以撰写"读书心得"为任务。所谓"压力就是动力"，这种带着明确任务的稍具强迫性的阅读活动，有力推动了大学生自觉地进行深层阅读。

4. "一校一书"阅读活动是协同推广阅读的有益尝试

随着阅读推广工作的深入开展，高校图书馆已经逐渐意识到仅凭图书馆的力量进行阅读推广不仅费时费力，而且最终效果是非常有限的。所以，应当建立起多层次、多方位和多形式的阅读推广体系，以进一步取得良好效果。因此，高校图书馆纷纷与校内各部门合作，共同开展阅读活动。首先，可以与学生社团合作，有选择地吸收、培育学生社团，都致力于图书馆阅读推广活动；其次，不管是馆系还是馆社之间的合作，都是在校内进行的，很少会有同区域高校间协同推广阅读的案例。"一校一书"阅读活动是在省级高校图工委的领导下，采用同一形式、时间、地点和评价机制的共同阅读活动，并在活动影响、规模和收益上有着显著效果，可以说是区域性图书馆协同推广阅读的有益尝试。

（二）"一校一书"阅读推广活动的反向思考

1."一校一书"阅读活动限制了读者的阅读选择权

阅读推广介入阅读之中是作为前提存在的,强势且权威的阅读推广也一定会存在过度干预的成分。"一校一书"这种万人共同阅读一本书的活动,首先暴露出来的缺陷就是读者的阅读选择权遭到了限制。即使精读图书是馆长、教授推荐和读者投票的结果,但最后的取舍是少数服从多数或多数服从少数。所以,不管是哪一条原则被采纳,都会剥夺一部分读者的阅读选择权。并且,进行阅读推广的目的是让更多的读者参与进来,所以大部分学生都会屈从,被迫地参与其中。但他们的不满会通过另一种形式表现出来,那就是阅读过后的读后感,那些关于违背了活动初衷的真实言论,都会通过侧面反映出来,较为真实地表现出读者在"一校一书"中的困扰。

2."唯得票数是论"的评价机制导致评奖结果失真

"一校一书"活动到2018年为止已经开展了五届。前两届活动设立了优秀组织奖、优秀创意奖、阅读推广奖和优秀心得奖四项。除优秀组织奖和优秀创意奖为自由申报评比之外,其他奖项都是以得票数为唯一依据的。比如第二届活动,读书心得进入网评的总共有647篇,文章长的有三千多字,短的也有近千字。再将这些文字细化到总体的篇章和文字,这将是非常巨大的阅读量,因此要想读者在短时间内完成是十分困难的。所以读者的投票一般都限制在"给本校文章投票或好友文章投票"上,而跨校进行阅读且投票的人则非常有限。有人对每所学校的得票数进行了对比,发现许多文章的得票虽然不多,但称得上是可以传阅的好文章。有些学生的文章能够充分体现当代大学生的独立人格意志和社会责任担当,能够让人们看到中国未来强盛的希望,但如此值得一阅的佳作,它们的得票数却非常少。因此,这种"唯得票数是论"的评价机制导致了评奖结果的严重失真。

3.高度统一的活动模式加大了推广的难度

"一校一书"的阅读推广模式始终是"步调一致、整齐划一"的,其会进一步对馆际共识进行要求,要有高度共识才会持续开展。而这种"一盘棋"式的阅读推广明显阻碍了读者阅读个性的自由发展,同时也使得推广难度加大。

例如,有些参加过第一届"一校一书"活动的高校,却并没有继续参加第二届的活动。对于这些选择放弃参与活动的高校来说,其主要的理由为有些读者会自行选择图书而不去撰写学校指定的图书,而有些人则会提交自己的自命题文章等。由此也可以看出,"一校一书"阅读推广活动的过程确实是有难度存在的。

第七章　高校图书馆服务与阅读推广案例

阅读推广是图书馆工作的核心宗旨，阅读推广应当是图书馆尤其是高校图书馆的重要工作内容。同时，阅读推广还可培养大学生的阅读兴趣、提高大学生的阅读水平，是高校图书馆推进全民阅读的重要职责。本章分为高校图书馆服务创新实践案例、高校图书馆阅读推广实践案例两部分。主要内容包括"开放存取"环境下高校图书馆信息服务创新、"开放存取"环境下高校图书馆信息服务创新实践案例、阅读推广实践——"成语大会"创意活动，以及阅读推广实践——"阅读·遇见之美"等。

第一节　高校图书馆服务创新实践案例

一、"开放存取"环境下高校图书馆信息服务创新

（一）"开放存取"运动的进展

作为一种学术信息交流新机制的开放存取运动，其本身不仅具有高效性，还带有一定的公平性。近年来，"开放存取"广受国内外专业人员的关注，并得到了许多国家政府的支持，逐渐成为图书馆学术领域和其他各领域的新兴研究热点。当下，图书馆学界已经充分肯定了开放存取这一新机制，不管是开放存取的标准，还是开放存取的技术，都日渐成熟。开放存取的资源和内容也得到了极大的发展，在开放存取的服务和信息交流两个方面更是受到了极大的关注和好评。

关于开放存取门户，在国内主要有：中国科技论文在线、NTIC 国外预印本门户，以及中国预印本服务系统等几个具有代表性的门户。近年来，为使中国科技论文在线可以得到更好的发展和规范，以及更好地推动科技论文快速共

享，国家社会科学基金将图书情报科学的重点研究方向定位于开放存取研究。高校图书馆应重视对开放存取运动的研究和支持，一方面，做好理论研究；另一方面，做好创新信息服务工作，以此来适应信息时代的变化。

（二）"开放存取"环境下高校图书馆信息服务创新的优势

近年来，随着高校图书馆的发展，已具备了包括馆舍、人才、文献以及设备等在内的资源，利用这些资源完全可以为用户提供相对高质量的信息服务。据相关统计可知，在全社会的文献信息资源总量中，高校图书馆占有的比重达40%之多。高校图书馆一方面具有完整的藏书体系，具备先进的现代化设备，不仅实现了自动化、网络化的平台，还实现了数字化平台；另一方面，全国各高校图书馆之间签有文献传递服务协议，通过这一协议来为用户提供一种更为深层次的信息服务。

更重要的一点是，图书馆内的图书馆馆员不仅懂信息管理和信息检索技能，还懂专业、外语以及计算机等相关知识；图书馆馆员也是现代科技人员，他们除了具有丰富的理论知识之外，还具备高超的信息资源管理技能，以及很强的信息开发利用能力。可以说，图书馆馆员不仅是开发信息资源的重要人员，还是开展信息服务的主力军，因此，在高校图书馆的信息服务创新中，图书馆馆员必将发挥巨大的作用。

（三）"开放存取"要求高校图书馆必须改变传统的服务观念

关于开放存取，述说起来主要是指任何用户所能获取的数字化学术信息资源，这种资源一来可免费在线获取，二来不受许可限制。开放存取包含的信息资源极为丰富，主要包括正式发表的论文的后印本，正式出版的著作、教材、研究报告等学术成果，以及非正式出版的论文的预印本、教学参考资料、照片、图表、地图等资源。

随着信息技术的发展，在网络环境背景下的学术信息开放存取，使用户在获取最新的学术成果的过程中，极大地减少了中间环节，同时还可以以最短的时间和最快的速度来实现这一目的。但是，当前还有很大一部分人包括科研人员在内，均对开放存取还处于不了解甚至是不知道的状态。这就对图书馆提出更高的要求，即大力宣传开放存取，以及提供开放存取资源服务。为此，在图书馆的运行过程中，传统的服务观念和服务模式显然已不再适用。现代图书馆的馆员，一方面，除了要管理馆藏之外，还要对信息展开评价、分析、组织，以及打包和呈现工作；另一方面，图书馆馆员要在使用过程中培训用户，使得信息的利用率能够得到提高。

二、"开放存取"环境下高校图书馆信息服务创新实践案例

以福州大学高校图书馆创新信息服务为例,来简要分析开放存取环境下高校图书馆展开创新信息服务的必要性。

(一)建立企业信息服务中心,利用开放存取资源

福州大学建立的企业信息服务中心,主要是以企业需要的商业信息资源为出发点,展开信息的搜集、组织和揭示,并将这些信息组建成专门的数据库,然后再利用开放存取资源,来为企业提供信息服务。当前的企业信息服务涉及的领域相当广泛,包括国民经济的五大支柱产业,即服装、建材、餐饮以及电器和珠宝,都已应用企业信息服务。已建成的数据库及其主要收录内容如下。

第一,科研成果数据库。其所收录的各个行业的科技成果主要包括四个方面的内容。其一,是省级以上鉴定的科技成果;其二,是省级以上奖励的科技成果;其三,是获得集团公司奖励的科技成果;其四,是产生经济效益的科技成果。

第二,专家数据库。其所收录的各个行业的科技成果主要包括各学科专家科研信息及研究方向与主要成果等。这一信息平台实现了以姓名、工作单位,以及学科分类和技术特长等关键词就可搜索到相关方面资源的检索。

第三,企业竞争对手名录数据库。其所收录的是各个行业的科技成果,主要包括具体企业的单位信息,通过这一信息平台来实现包括主要业务、主要产品在内的在线检索和浏览等功能。

第四,专利数据库。是指收录各类企业科技成果的专利信息。

第五,优秀博硕士论文库以及期刊全文数据库。主要订购的是清华同方和中国知网平台数据库。

第六,信息服务中心。这一信息平台为企业提供的服务,主要包括剪报定制、媒体信息监测,以及文献翻译和企业查新等。

福州大学图书馆为创新信息服务做出了许多积极尝试,并且在为企业提供信息服务方面取得了一定的成果,不仅有力支撑了海西的经济建设,还为海西区域企业技术创新做出了极大的贡献。

(二)建立用户培训体系,推荐开放存取资源

关于开放存取资源的用户培训,福州大学图书馆主要采用的分期进行的方式。高校图书馆的读者群主要来自教职员工、研究生和本科生。高校方面通过开设关于网络资源与信息检索内容的课程,辅以专业课程网站的搭建,向学

生宣传或讲授开放存取知识，或向院内师生介绍开放存取资源的分布和获取方法等。

用户培训课程不仅有助于学生接受开放存取的理念，还有助于学术信息资源共享的实现。在面向教职员工和研究生的培训中，通过专题讲座的方式，来讲授利用网上开放存取，来检索和获取学术资源的方法；在介绍利用开放存取的学术与教学资源方式的同时，向目标群体介绍优秀的开放存取的站点。

（三）建立开放资源信息库，丰富开放存取资源

福州大学图书馆特色信息资源数据库的建立，是基于图书馆信息服务的有效开展，以及图书馆相关用户的需求的，并且需要对网络信息资源进行大力挖掘和开发。

福州大学图书馆基于对重点优势学科所特有的信息资源进行充分利用，来建立高校图书馆开放资源信息库，现已建成的数据库有：精品课程知识库、学位论文数据库、知识视频库，以及被评为省教育厅重点项目的催化化学特色数据库等，这些数据库的具体内容如下。

第一，催化化学特色数据库。包括论文、研究报告、申请课题，以及学术总结和科研项目成果等信息内容。

第二，学位论文数据库。主要收录的信息内容是本校的优质稿件，这些稿件包括本校博、硕士撰写论文的全部数据。

第三，精品课程知识库。一方面，主要收录了本校获得国家级、省级以及校级精品课程的电子教案；另一方面，主要收录了优秀课件、教学大纲，以及教学计划和实训大纲等方面的教学内容。高校图书馆通过资源数据库共享的这些特色信息资源，使得网络开放存取资源得到了极大程度的丰富。

（四）建立开放资源导航库，加工开放存取资源

福州大学图书馆基于本校的学科领域，将检索专业学科信息的职责分给专门的学科馆员，要求他们针对不同专业分别搜索相关开放存取机构和开放存取期刊的信息内容，在进行整理和集中之后进行揭示，再建立本馆开放资源导航库。高校图书馆的学科导航，一方面，主要提供各个学科的图书情报和学术博客的导航；另一方面，主要提供相关学术日志的来源、名称以及摘要等方面的信息链接。

免费学术网站是指学科馆员以开放存取集成服务平台和常用的 OA 资源搜索引擎，对已实现开放存取的电子期刊、学位论文以及开放课程等诸多方面的资源的相关网络链接，所进行的一系列的搜集和整理活动。同时，还向读者提

供多方面的功能应用,例如,分类浏览、按字母浏览以及词条搜索等功能。开放资源信息库和导航库,在向图书馆提供大量的信息资源的同时,为科研人员的科研活动和撰写论文带来了极大的便利。

第二节 高校图书馆阅读推广实践案例

一、阅读推广实践——"心"阅读

高校图书馆是校园文化和社会文化建设的重要基地,阅读不仅是信息传递的重要方式,也是个体间接学习、获取知识的重要手段。图书馆应积极参与校园文化建设,积极采用新媒体,开展阅读推广等文化活动。推广阅读、服务阅读、传播文化一直是图书馆的重要工作任务之一。北京科技大学图书馆自2004年开展阅读推广活动以来,在阅读推广经验积累中形成了"两纵两横"的全民阅读新格局。北京科技大学图书馆经过多年的阅读实践,现已形成"读书文化节"和"读者服务月"两大阅读品牌,近二十个固定阅读活动模板。通过图书馆阅读小组的精心筹划,推出了以"心"阅读为主题的精品阅读活动,吸引了全校读者广泛参与、热情互动,营造出浓厚的"书香北科"阅读氛围。其中,"心"阅读是北科大"心"阅读小组精心筹划的精品阅读活动,广受读者欢迎。"心"阅读代表着阅读活动的不同角度、不同层级和不同凡响,"心"阅读也包含用心阅读、用心思考的意思。

(一)推陈出"心"

1. 摇篮书苑讲坛

融入传统阅读讲座,推荐阅读书单。摇篮书苑经典讲坛是北京科技大学图书馆推出的经典阅读活动,而在推陈出"心"模块中,在传统摇篮书苑经典讲坛的基础上明确了作家讲座、主题讲座以及专题讲座三个分支,细化内容使活动受众更加明确,为传统阅读活动注入了新创意新元素,给读者带来不同阅读体验。在作家讲座分支中邀请作家携其著作做客讲坛,名家诠释成功之道,读者体验阅读精髓。

2. 推荐阅读书单

为培养读者良好的阅读习惯以及成熟的思想体系,北京科技大学图书馆在推陈出"心"栏目中融入推荐阅读书单,希望借助师友的肩膀,让读者能够"站得更高,看得更远"。图书馆从借阅排行榜中选出名列前茅的图书进行专题展出,定期举办学术图书书展,深受广大师生好评;通过推陈出"心"栏目将之推广传递,为塑造优秀校园文化起到极为重要的推动作用。

(二)记忆犹"心"

别具一格的大学礼物,永远的阅读纪念。在校数年,图书馆的阅读时光对学子来说总是记忆犹新,离开时也格外不舍。北京科技大学图书馆在每年的毕业季都会推出记忆犹"心"栏目,旨在让毕业生作为大学校友留下美好的校园阅读记忆。记忆犹"心"包括"那些年我们曾一起读过的书"集中展示活动以及"大学读书记忆"定制纪念册两个模块。从2014年毕业季开始,图书馆从全体毕业生的借阅书目中选出排名前30的书,在图书馆大门前进行集中展示留言。同学们追忆那些年曾一起读过的书,留下一届学子的阅读身影。这一份量身定制的小册子是属于毕业生的阅读礼物,"又是一年毕业季,留恋昔时书香里。谁言雁去归无心,感恩心泪沾满襟"。图书馆希望通过这一份别具一格的大学毕业礼物,给同学们留下永远的阅读纪念。

(三)赏"心"阅目

1. 读书面对面,分享"心"阅读

赏心"阅"目活动正是通过与读者的深入探讨及读者间的相互讨论,带领读者进行分析阅读。别样的阅读需要不一样的体验。为了营造浓厚的读书氛围,构建有特色的书香校园文化,在赏心"阅"目栏目中北京科技大学图书馆特别举办了读书面对面、分享"心"阅读主题活动。活动过程中同学们踊跃参与、畅所欲言,面对面活动为读者提供了一个快速直接的沟通交流平台。读者也从其他优秀读者身上学习到了不少有益的经验与读书窍门。

2. "同一本书"阅读活动

"同一本书"活动定位于一种深入阅读新体验,一种纯粹阅读、大学生阅读和草根阅读。从前一段时间全校大学生的阅读书目中精心挑选借阅率高的图书,并邀请借阅此书的读者按要求写下读书体会,一个月组织一次阅读交流会,参与者有曾借阅此书的读者、预约参加讨论的读者和嘉宾等。通过读书、讨论、鼎新三个环节,抒发观点、交流观点、共享观点和获取新观点。

（四）"心"阅读活动成效

1. 累足成步

北京科技大学图书馆全民阅读自2004年以来，在逐年的累积沉淀中"心"阅读活动已经逐渐成为一种品牌。活动受到校内外师生读者及上级单位一致好评。这是对北京科技大学图书馆"心阅读小组"工作的肯定，更是对图书馆历年阅读推广活动的肯定。

2. 收获好评

全民阅读活动在北京科技大学已持续开展十余年，已结出丰硕成果。"心"阅读品牌活动的广大读者对各项阅读活动纷纷给予了极高的评价。不论是普通在校生还是知名教授学者，对"心"阅读活动都充分表现出极高的热情：推陈出"心"——摇篮书苑讲坛自开办以来场场爆满，参与读者席地而坐亦觉酣畅淋漓；记忆犹"心"——"大学读书记忆"反响轰动，其中一位毕业生在留言板上写道："大学四年，因为有了图书馆而充实。读书，能够激励我们持之以恒更好地做事，做人，做学问"；在赏心"阅"目——"读书面对面，分享心阅读"活动中邀请位居图书借阅量排行榜榜首的优秀读者与大家分享"阅读心经"，活动现场座无虚席，一度引发线上线下集体大讨论。正如北京科技大学校长在"校长荐书"栏目中写的："在当前建设学习型社会的时代要求下，读书、思考、实践是大学生培养终身学习习惯的好方法、好途径。"表达了对图书馆"心"阅读活动的大力支持。腹有诗书气自华，心存阅读秀书香，北京科技大学图书馆通过一系列活动为广大阅读爱好者提供了便捷的读书分享平台，在阅读推广的不断深化与创新中，也收获了广大读者的积极响应与一致好评。

3. 活动总结

服务是图书馆永恒的主题。"心"阅读活动的精心设计及优秀组织成就了今天的回报。这不仅代表图书馆界对于北科大图书馆的认可，更是体现出广大读者对北科大图书馆阅读工作的支持与认可。"心"阅读是我们的阅读主题活动，更是一种全新的阅读推广方式。从心出发了解读者需求，为不同层次读者提供由浅入深的阅读活动，一步步引领读者进入读书的殿堂。以心阅读，体味众里寻他之后的怦然心动；用心服务，收获上下求索背后的惺惺相惜。北京科技大学图书馆作为校园文化及社会文化的重要传播机构，必将继续以丰富的资源、无私奉献的精神，为广大读者提供更加优质的创新服务，将"心"阅读继续发展深化。

二、阅读推广实践——"成语大会"创意活动

随着《中国汉字听写大会》《中国成语大会》《中国诗词大会》三档传统文化电视节目在央视的热播,全国掀起了一股学习传统文化的热潮,也引起了学界的高度关注。湖南人文科技学院图书馆的阅读推广工作人员,于世界读书日来临之际,面向全校大学生策划组织了"成语大赛"活动,积累了一定经验。若能将《中国成语大会》的新颖创意在高校加以推广、展开,必然使大学生置身在一个语言文字相连接的网络中,使其通过知识层面的了解、掌握,以及同辈、同学间的相互模仿、学习、配合、支援,实现共同成长。既能推动和规范成语的理解及运用,引发语言文字学习的热潮,又能促进年轻人团队意识的形成和学习方式的更新,创造出崭新的知识文化融合模式。

(一)高校"成语大会"与传统文化节目的运作特点

当前,我们正处于一个后现代消费时代,可以将这一时代定义为以读图为主的娱乐化时代。人们生活中的传统阅读,述说起来是指人以抽象书面文字为思考对象而展开的一个认知活动。我国自印刷术被发明以来,人们在很长的一段时间内都是通过文字和书籍的媒介来进行思想交流和信息传播的。但是,在数百年前,这一现状被电视的出现所打破,使人们的生活发生了翻天覆地的变化。同时,电视的出现,在完美结合了"现时"和"图像"两方面要素的同时,还使得电视与传统阅读之间的矛盾,随着电视的发展和普及变得愈发不可调和起来。

近年来,有学者提出这样一种观点,即电视应该为阅读"赎罪",并且认为当代电视人应当以高度的文化自觉对电视节目进行改造。基于这种理念的影响,在娱乐至死的电视领域中逐渐出现了承载着传统文化的一系列节目,如《中国成语大会》等节目自推出以来,就广受观众的欢迎。《中国成语大会》这一节目,每一场比赛都可以说是一场关于成语文化的体验活动。同时,它也是一档赋予传统文化以"阅读推广"功能的节目。《中国成语大会》在广告收益的支撑下,实现了对全国优质资源的调动与利用,通过对视听技术与专业传播策略的极致利用,来吸引观众进行观读。可以说这一节目所产生的阅读推广效果,超过其他任何一所大学的阅读推广活动。由此可以得知,传统文化电视节目与图书馆展开的阅读推广活动,表现在运作特征方面,就出现了相同之处和不同之处。

人的成长过程可以说是由自然人向社会人进行转变的一个过程。目前,电

视媒体已成为能够影响全体社会成员社会化的具有"教化民众"功能的重要影响源,尤其是对儿童与青少年有着极为重要的教育作用,是儿童与青少年在增长知识、接受社会主流价值观和行为方式方面的课堂之一。在这种社会背景下应运而生的以《中国成语大会》为代表的传统文化电视节目,基于高度的社会责任感,引导人们规避不良电视节目的污染,为儿童与青年的成长发展打下坚实的智力和精神基础。从这一角度来看,电视媒体与图书馆的阅读推广工作在理论层面上是殊途同归的。

但是,高校的阅读推广活动由于受到时间、人力、物力以及财力的限制,其所能产生的推广成果是远远比不上电视媒体的。高校开展的阅读推广活动——成语大赛,在实践操作层面,与电视媒体开展的以《中国成语大会》为代表的阅读推广活动有着很多不同之处。首先,正是基于高校成语大赛与电视媒体的《中国成语大会》之间的相同点,才能使高校借助《中国成语大会》的品牌力量而展开的阅读推广活动实现有效对接。通过这类节目保存了传统文化与本土智慧,使二者不会由于受到时代久远的影响而生疏,也不会在现代科学的挤压下而被遗忘。其次,成语大赛与电视媒体的《中国成语大会》之间存在的不同点,也使研究更具有价值。

(二)高校校园"成语大赛"的策划与实施

1. 前期读者调研

当前,大学校园内电脑、智能手机相当普及,传统的课堂笔记已经被手机、平板拍照所取代,作业也用邮件形式传递,大学生手写汉字的机会越来越少,由此造成的直接后果之一便是"提笔忘字"。据《中国青年报》的调查,高达9成的大学生认为自己的汉字书写能力下降了。但这并不表示青年一代对母语文化不认同。相反,他们在一定程度上表现出某种"语言忧患"意识与文化自觉。《中国汉字听写大会》《中国成语大会》《中国诗词大会》等传统文化电视节目备受青睐便是有力佐证。许多学生社团争相效仿开展文化益智类活动。

2. 组建运作团队

《中国成语大会》沿袭《中国汉字听写大会》的制播分离模式,由专业公司为中央电视台量身定制。另有外协团队提供专业支持,仅"出题"一项就花了4个多月。由此可见,一档成功的电视节目从创意到搬上荧屏绝非一朝一夕之功,也非一人一己之力。校园成语大赛"麻雀虽小",却也"五脏俱全",同样需要组建综合素质较高的运作团队。实践中,采用合作方式开展活动是一种经济又理想的方案。如南开大学的成语大赛是由教务处和文学院联合举办的，西北农林科技大学的成语大赛由图书馆主办、图书馆学生管理委员会承办。湖南人文科技学院的成语大赛则由图书馆与学社联共同主办，读者俱乐部承办。

3. 策划活动内容

阅读推广活动效果优劣与否的关键之处就在于内容。为使高校成语大赛更具可操作性，活动的黏性得以加强，并使传统文化能够在校园内有一个更好的传播效应，相关推广活动的运作团队要重视成语大赛赛制和题型两个方面内容的选择和设计，也就是进行仔细策划。

（1）改革赛制

赛制即比赛规程，包含赛程与规则两个主要方面，其中规则是核心要素，决定着节目内容的整体框架。湖南人文科技学院成语大赛采用两级赛程，初赛采用笔试形式，根据选手得分高低选取前10名进入决赛；决赛2人为一组，分成120秒限时猜成语、成语限时抢答、限时拼成语三个环节进行。《中国成语大会》是语言与文化的盛会，它的规则设计重在考查选手们对成语的产生背景、应用语境、上下文关联等的清晰把握。若是采用传统的逐字分解阐释的思路，很容易耽误时间或闹出笑话，这就需要选手精准地创设成语情境或者引用成语原典。比如有选手描述"分明没觉得冷，我怎么就哆嗦了呢"，其搭档应声而答"不寒而栗"；有选手语出"区区小事"，另一方马上心领神会，脱口而出"不足挂齿"，这都是参悟成语的极佳例证。此外，《中国成语大会》总决赛使用了数千条常用成语，备注出了标准释义和原典例。

为使高校成语大赛更加具有可操作性，运作团队主要做了三方面的努力。一是将《中国成语大会》节目中的"长时间海选"环节转变为校内"笔试海选"；二是将节目中的"一猜到底"环节转变为"猜、写结合"的校内环节；三是将节目中的"每环节分胜负"环节转变为"积分定胜负"的环节。

（2）创新题型

首先，校内成语大赛的初赛试题主要包括成语重点字填空、根据释义写成语，以及成语运用正误判断等题型。通过这些题型对选手的成语书写、运用能力等进行考查。

其次，成语大赛还创造性地设计了一些题型，诸如补充八字成语的前半句，或是补充成语后半句的题型等。通过这种题型考查选手对成语语义理解的精确度。

再有，在校内成语大赛的决赛环节设计"成语演讲"，使参赛选手将成语作为素材,通过演讲的方式来考查其成语运用能力。

最后,成语大赛中还可以针对观众设计一些互动环节,如"经典文化知识抢答"等,以此让观众能够切实感受到传统文化的魅力,从而使阅读推广活动的目的得到实现。

4. 活动宣传推广

高校成语大赛的宣传可以通过多种新媒体方式进行。网页、电子屏、微信等宣传渠道和方式,不仅操作简便,几乎是零成本,还具有传播迅速的优势,因而广受推崇。而分发宣传单、设置宣传点的方式,由于具有相对较高的成本,存在需要耗费较多人力的弊端,所以渐渐被淘汰。传统的宣传方式中,仍然没有被取代的宣传方式是以学生社团为主而展开的宣传活动。

校园成语大赛不仅十分重视结合新媒体的宣传方式,还要对传统宣传方式给予高度重视。首先,在初赛阶段,宣传主要采用发放宣传单、设置宣传点,以及进行现场报名的方式。其次,在决赛阶段采用下系宣传和短信通知等方式,即传统与新媒体宣传相结合的方式,来进行比赛信息的传播。最后,还可以通过撰写新闻稿的方式,对成语大赛初赛、决赛的相关信息以校园内的诸多网络渠道进行宣传。

综上所述,通过在不同比赛阶段采用不同宣传方式的做法,来进一步扩大比赛的影响力。

5. 活动过程控制

人是成语大赛这一活动的主体。关于赛事的过程控制,需要注意以下几个方面的内容。

首先,在初赛阶段,一方面,应保证试卷的可判性;另一方面,为保证比赛的公平性,有必要将参赛选手的书籍和手机进行统一管理。

其次,在比赛进行过程中,为使参赛选手之间具有一定的默契,因而不采取抽签组队的方式,尊重选手意愿采用自由组队的方式,以此来促进选手进行默契培养和强化练习。

最后,在决赛阶段,要充分重视比赛的精彩度与观赏性。

此外,在比赛过程中不可缺少的,起着重要起、承、转、合作用的一环就是主持人。由成语大赛的运作团队推选出主持人,并对主持人进行主持稿撰写、活动环节过渡以及观众互动等方面的指导。点评嘉宾也是一场比赛必不可少的,因此,比赛运作团队要积极听取学生意见,邀请具有丰富的现代汉语知识、口碑良好和有多年教学经验的教师来担任评委。结合比赛的实际情况选择合适的

宣传手段来吸引观众进行互动。由于充分考虑了人的需求，成语大赛的整个过程井井有条，收到了预期效果。

6. 活动效果评价

在参赛选手带动下，同学之间掀起了"识"成语的热潮，愈来愈多的学生萌生了学习成语的想法。很多同学由于受到活动的影响，在日常生活中使用成语来表达情感和语义，并逐渐形成了一种思维定式。就活动产生的效益来说，在这种正向的具有较好阅读推广效能的活动中，"成语大赛"无疑是一次成功的活动。

（三）高校开展"成语大赛"活动的经验总结

1. 留心收集活动创意

《中国汉字听写大会》《中国成语大会》《中国诗词大会》三档非娱乐节目之所以能在泛娱乐化的当下创下收视新高，主要缘于运作团队将"听写、猜词、背诵等学生的学习方法用电视比赛方式呈现"的创意，让观众感到既亲切又怀念。从品牌社团活动中收集创意，如湖南人文科技学院读者俱乐部的"书友茶话会"是一个融"好书推荐、经典演绎、知识抢答、经验分享"于一体，集"书、友、茶"三个高雅元素于一身的品牌社团活动。阅读推广馆员亲身体验后，在保留原有创意的基础上进行了改造提升，不仅将活动对象扩大到了全校学生，还将活动目的定位为丰富校园文化生活与传播传统文化，使得该活动在校园内迅速走红。

2. 大范围选拔活动主持人

成语大赛主持人大多是从社团中进行选拔。尽管运作团队对主持人的重要作用有所了解，但是，由于在选拔过程中馆员并未介入，这就导致最终选择的主持人往往只是外形突出且具备主持人基本条件的学生，而没有将主持人的专业技能与知识素养两方面应具备的能力予以考虑。因此，在举办如成语大赛一样的大型活动时，在选拔主持人的过程中，可以扩大选拔范围至全校，通过招募或邀请的方式，来选用具有丰富主持经验的学生，以保证活动的高水准。

3. 多渠道搜集反馈资料

关于活动反馈资料，述说起来是指一种活动评估的重要依据。而针对电视节目进行评估的最佳方式就是调查收视率。高校图书馆在开展阅读推广活动过程中，与收视率相对应的指标简单来讲就是参与人数。但是只依靠参加活动的人数这一指标来对活动的成功与否进行判断，就稍显肤浅。因此，还可以使用问题设计调查项目，在活动现场通过发放问卷的方式来获取相关数据。一方面，可以搜集嘉宾点评、观众评价以及获奖感言等环节的文字资料；另一方面，通过在活动后邀请社团干部与参赛选手，来针对活动的每个环节做总结与反省，并留下文字数据。最后综合各个层次、各个方位的数据，来对反馈资料进行定性分析，以保证活动评估的信度和效度。

4. 分社团培育活动项目

学生社团是大学校园内丰富且具有一定规模的群体。在选择得当的情况下，大学社团还可以为阅读活动的组织策划起到有力的推动作用。近年来，各高校也有意识地授权给学生社团，让他们来负责组织一些阅读推广的相关活动，并且取得了良好成效。高校校园内组织的阅读推广活动的最佳管理方式，就是采用"社团+项目"的模式，这有助于校园成语大赛形成品牌，并持续传承下去。

当前，日益丰富的阅读推广活动仅仅由学生来进行组织开展，稍微有些力不从心。图书馆阅读推广活动分社团培育活动项目的做法，除了能够发挥社团的比较优势之外，还能给社团自身建设提供一个实践平台，在使社团素质得到提升的同时，还能够促进项目发展，最终开辟出一个更加有利于图书馆进行阅读推广的新局面。

5. 自觉开展科学研究

在成语大赛设置的一些题目中，有一些是在键盘输入普及之前就容易使人产生记忆错误，或是极易写错汉字的题目。这让参赛选手丢失了很多分数，在这些问题的背后显示出的问题就是，成语知识阅读不够广泛和深入，参赛选手未能真正理解成语的含义，自然也就不能正确书写汉字了，即"深度阅读"问题。这种问题的存在为当下大学生敲响了警钟，提醒着人们传统文化阅读推广的重要性与必要性。高校图书馆合理借鉴高人气电视节目运作形式，并结合各自的院校和图书馆的实际情况来付诸实践，一方面，可解决推广活动单调、用户体验不足两个方面的问题；另一方面，有助于解决缺乏创新与整体规划不合理等方面的问题。图书馆若能以校内举办的成语大赛为契机，购买一些成语典籍来当作奖品，或是编制成语类推荐书目，将会对成语文化的传播起到重要推动作用。

三、阅读推广实践——"阅读·遇见之美"

近年来，国内各高校图书馆的人均借书量大都呈下降趋势，南方医科大学图书馆也不例外。随着网络时代、数字时代的来临，人们的生活习惯、阅读习惯都随之发生变化。人们开始担忧：数字化的浅阅读和碎片化阅读将代替专心致志的思考，成为一种习惯；人们容易对所谓有用的功利性、娱乐化阅读趋之若鹜，但对文化内涵颇深而实用价值不高的著作置之不理。在国家大力倡导全民阅读的环境下，基于"阅读需要分享"这样一种共识，南方医科大学图书馆自2012年对校园阅读推广进行了新的尝试，即阅读分享会。阅读分享会旨在为关注阅读、乐于分享和善于倾听的读者提供交流互动的物理空间，努力营造一种宽松、愉悦的交流氛围，以期让大家能够自由表达与倾听，体会思想碰撞、偶遇知音的快乐；同时也为他们提供阅读指引，培养阅读的兴趣，提升阅读的品位，促进好书的分享，营造浓郁的校园书香氛围。阅读分享会活动项目主要有以下创新。

（一）"阅读·遇见之美"——嘉宾来源

为了使分享内容和层次更具引导性、更加多元化，除接受读者主动报名外，定向邀约图书馆"十大阅读达人"获奖者、广受欢迎的青年教师、征文大赛一等奖获得者等担任特邀嘉宾。这些嘉宾的到来，不仅保障了阅读分享的水准，同时也吸引更多的读者参与。此外，还尝试进行阅读兴趣小组孵化工作，通过志愿报名，依据不同选题，每学期选择三个阅读兴趣小组。图书馆提供一定的活动场地、文献资料查找、活动经费等帮助，阅读兴趣小组成员负责进行主题导读分享，所选主题不定期在阅读分享会上进行专题阅读分享，书目导读的PPT在馆内信息发布系统进行同步宣传，为读者提供阅读的指引。阅读兴趣小组的建立，让具有相同或类似阅读兴趣的读者找到了交流的知音，组内成员的思想交流和观点碰撞，不仅丰富、深化了阅读分享的主题，培养了读者独立思辨的精神，同时也为读者提供了一个积极锻炼自己、提升综合素质的舞台。

（二）"阅读·遇见之美"——环境营造

不同于课题汇报，不同于各类比赛，阅读分享会是一个轻松、愉悦、私密的交流空间，大家本着自愿的原则因共同的阅读喜好而欢聚。为了营造这种轻松、愉悦的互动氛围，图书馆在一些小的细节方面也做出了努力。例如，每次分享会在家具的摆设、背景的修饰等方面都会进行精心的布置；要么将桌椅摆围成一个半圆，要么是面对面错落而坐，这种近距离类似聊天的环境，让大家不再感动陌生和拘谨，发言和讨论更加自由而热烈。在这种轻松愉悦的分享环境中进行的"头脑风暴式"的讨论，将进一步引发读者对文本的深入思考，从而开拓思维、丰富认知，带来深度阅读的契机。

(三)"阅读·遇见之美"——内容分享

内容是提升活动档次的核心。阅读分享会从一开始,就以"多元、包容、向上"作为指导思想,承认阅读的"同"与"不同",希望能为校园阅读注入生机和活力。因此在分享内容的选择上,我们除了考虑带给大家"好玩"的直观感受之外,也注重阅读趣味的引导、阅读品位的提升,促进好书的分享,希望能给读者学习生活注入正能量,同时也带来美好的阅读感觉和神秘的阅读期待。图书馆要把阅读分享会做成美好精神的传递平台,而不是负面情绪的宣泄地。作为学校的第二课堂,图书馆也是开展校园文化服务的窗口单位,在举行阅读分享会此类活动的时候有责任对内容和主题进行良性的引导,让积极向上、热爱生活、勇于拼搏等正能量在读者之间传递,这项工作在报名筛选环节就要完成一大半。同时,在分享会的现场,主持人的作用也很重要,引导主讲人和听众在交流的过程中释放出正面的情绪。

(四)"阅读·遇见之美"——实现可持续发展

图书馆还积极鼓励热心读者为阅读分享会的宣传、策划、主持、实施等工作提供志愿服务,将读者的智慧和妙想融入工作当中,让各项工作更接"地气",更加"本土",更受读者欢迎,以此促进阅读分享活动的健康发展。出于对阅读分享活动的热爱和关心,越来越多的读者主动实现了从旁听者到分享者、从分享者到活动志愿者的转变,热心参与到活动的策划、宣传、主持、筹备等各项工作中,为阅读分享会的成长进步出谋划策,为阅读分享会活动项目能够持续、健康发展提供了很多的帮助。

(五)"阅读·遇见之美"——宣传与分享

阅读分享会活动需要学生的关注和参与,因此阅读分享会的宣传报道工作持续关注活动的全程,从活动前的主讲人招募、活动报名、正式通知、精彩内容预告到活动之后的宣传稿件、活动纪实等内容,读者可以通过微博、微信、QQ 群、图书馆主页、校内公告等媒介进行全方位了解。同时,在临近活动举办的日期,会在馆内醒目位置张贴活动宣传海报,以此吸引入馆读者的眼球。为了让更多读者了解、知晓阅读分享会的活动内容,除了亲临分享会现场聆听外,读者还可以通过图书馆网站、校报网站等了解和回顾历届分享会精彩的分享内容 PPT、视频、音频等相关资料和现场照片等。同时,从第四届阅读分享会开始,南方医科大学校报除对阅读分享会本身进行新闻报道外,还向参与分享的主讲人进行约稿,对主讲人所分享的主题、内容和观点进行全景报道,加强阅读分享会的宣传深度。

（六）"阅读·遇见之美"——活动后续

线上与线下活动频繁。参加阅读分享会的读者除现场沟通之外，还可以通过 QQ 群"书虫汇"、微博、微信、易书会友等互动方式与校园内大批热爱阅读的读者保持沟通联系。每期的阅读分享会结束后，同学们还经常在群里进行后续的交流，互相通报或相约校内外各类文化阅读活动，了解换书清单，积极参与到图书馆文献资源建设中来，如参与图书推荐活动、VIP 现场选书等。此外，图书馆的易书会友活动已经成功举办三期。通过活动现场或网络登记，参与者将自己的书籍拿出来分享交换，既可以收获新知识，还可以通过同一本书遇见具有相同兴趣爱好的朋友，获得新友谊，受到爱书者的欢迎。阅读分享会已经成为读者进行线上与线下交流的桥梁，让阅读推广从单向推送变成双向、多方互动，读者不再仅仅是信息的接受者，已经开始转变成过程的参与者以及馆藏内容的建设者。

（七）"阅读·遇见之美"——活动成效与反馈

南方医科大学阅读分享会活动在校园内的持续开展，引起了众多阅读爱好者的关注和参与，很多读者积极参加阅读分享会的各项活动。越来越多不同专业、不同年级的读者参与其中，尤其是很多博、硕士研究生读者的加入，使得分享的内容和层次都得到了很好的提升，良好的口碑效应扩大了活动在校园范围内的影响力。为此，《南方医科大学校报》整版进行了"图书爱好者阅读分享会"的专题报道。阅读让大学生真正享受到象牙塔生活的幸福，很多参与活动的同学以纸条、QQ 或微博留言的形式，表达对阅读分享活动的肯定与支持，用"享受"与"收获"来评价图书馆的阅读分享活动。

四、阅读推广实践——文学名著电影欣赏节探析

（一）"名著电影节"活动背景与概况

当下，信息的发展、电脑和智能手机的普及，极大地丰富了人们观看电影的渠道。但是，独身一人进行观影的形式相较于多人观影的形式而言，不管是在话题讨论方面，还是在情感交流方面都有所欠缺。因而对于广大喜爱观影的人士来说，他们更喜爱多人观影的形式，这就为影院的生存奠定了基础，带来了广阔的市场空间。尤其是在影院上映大片时，不少电影爱好者都会到影院进行观影，这些成群结队的观影者形成的景观可谓壮观。

尽管每场电影几十甚至上百元的门票消费成了大学生走进影院的门槛，却

为校园电影播放活动提供了生存空间。在不少高校之中都设有多媒体播放室，以便学生能够开展影视欣赏活动。但是，高校图书馆举办的电影放映活动由于缺乏专业电影导读馆员和运营团队，往往只能发挥多媒体播放室的休闲娱乐功能，不仅缺乏深层次的互动交流，还缺乏深入的文本推广，这就导致活动所能产生的效益是非常有限的。基于这些内容，以湖南人文科技学院图书馆为例，在进行"文学名著电影欣赏节"的创办活动时，需要确立的活动思路主要有以下几个方面。

首先，以学校内四大文学社团为中心，与电影协会协同开展活动，即联合青笛、紫鸢、浅草、碧州文学社与 Crazy 电影协会。

其次，组建运营团队。组建以学校读者服务部主任为中心，再加上 5 个社团的社长共 6 人的团队。

最后，责任分配。由图书馆主要负责场地经费、点评嘉宾的邀请，以及活动指导等活动相关事务；由学生社团主要负责活动执行。

文学名著电影欣赏节主要分为两个板块来进行，主要是名著电影欣赏和影评书评征文，活动时间将会持续 6 周。

第一，在电影欣赏节活动中，将会连续播放两周的电影，将会放映 4 部著名影片，具体放映时间为 11 月连续两周的两个晚上，即周五、周六晚上。

第二，在活动人员构成方面，需要一名主持人、一位点评老师；具体活动环节主要分为三个，即观影导视、影片播放以及点评讨论。

第三，待 4 部影片全部播放完后，开展为期两周的征文评审活动，读者要在规定期限内完成和提交影评书评征文。

选出获奖文章，给予获奖者奖金和荣誉证书，相关文章也会交由《青笛之音》（社团刊物）来进行刊发。同时，还可以为获奖大学生增加素质拓展学分。

（二）"名著电影节"如何办出活动特色

1. 由影至书：将电影欣赏与名著阅读相结合

电影自 19 世纪诞生以来，始终与文学有着不解之缘。文学为电影提供丰富的养料，是电影能够具备艺术性的一种重要支撑；同时，许多电影均是对名著进行的改编。既使名著文本得到宣传，又让文本内容得到了另类艺术方式的解读，使之辐射到的受众面更为广博。这意味着完全可以借助电影具有的传播优势，来使文学名著被阅读的机会得到增加。出于这一理念而举办的文学名著电影欣赏节，在活动开展之初，将会提前选出 8 部文学名著候选电影，然后，通过多种网络渠道诸如网站、微信以及读者意见箱请读者进行投票，选取票选

前4名电影并进行放映。同时,在活动中还可学习《佳片有约》节目构架,通过电影活动主持人与活动点评嘉宾,组织在观影前的导视活动,以及在观影之后的讨论活动。此外,还可以组织现场抽奖活动,奖品为电影同名小说等,这样有助于提高电影节活动效益。一方面,可以提高观众的名著品鉴能力;另一方面,有助于促进馆藏资源的利用。

2. 由读至写:将名著阅读与文学写作相结合

电视节目《佳片有约》影评版的组织构成形式,简单来讲是由知名的影评人与媒体人来做嘉宾,带领现场的观众共同进行影片解读,或是思考影片主旨等活动。"文学名著电影欣赏节"既在电影播放现场组织讨论,又借鉴《佳片有约》中的"影评书评有奖征文"形式,也就是说,参与活动的读者都可以通过撰写关于所看电影的观影心得来参与投稿。为拓展参与者的写作视角,在观影活动的现场,相关品评老师可以围绕电影的内容,包括时代背景、人物形象以及文本改编等内容来展开一种多维度的解读。在这一过程之中,读者也可以与点评老师针对自己感兴趣的问题进行互动。此外,观众之间也可以进行一种坦诚且有序的交流,实现将书影阅读作为引领读者进入写作入口的楔子,也就是引领读者深化感想,不断使影评书评的深度能够得到增加,进而使活动的人文价值能够得到彰显。

3. 由少至多:将个别阅读与共同阅读相结合

在长期的应试教育影响下,学生在阅读时往往都不会主动分享心得体会,形成了一种个别阅读的习惯。但是,近年来随着信息技术的普及,人们迫切需要情感上的交流,在这种状况下应运而生的共同阅读,受到越来越多的人的欢迎。高校举办的文学名著电影欣赏节,正体现了个别阅读与共同阅读的相融合。这是因为就名著的文本阅读性质来讲,其本身就是一种个别阅读,是一种极具私密性与个性化的行为。同时,名著阅读也是一种共同阅读,这是因为人们在同一时间、同一地点一同进行电影欣赏,也就会造成时空与内容两个方面的同步,在这种状况下,极易产生集体阅读效应。理论上,一部影片由多人同时观看,产生的影响力是不可低估的。特别是以图书馆为主体组织和举办的集体化观影活动,在这种活动中由于人员在学养构成方面是有着明显的差异的,这就容易使人与人之间撞出智慧的火花;并在这一过程中使个别阅读具有的在知识和素养方面的盲点和盲区得到消除,进而产生明显的社会教化作用。

4. 由浅至深:将乐趣与难度相结合

哈罗德·布鲁姆曾对深读经典提出一种观点,即一种"有难度的乐趣"。

在推广阅读的过程中，应怎样才能在不失阅读乐趣的前提下降低阅读经典的难度？而文学名著电影欣赏节，述说起来正是这样一种寓"难"于"乐"的推广模式。读者在阅读经典文本时，只有在维持一种相对宁静与专注的内心状态时，才能对文本中蕴藏的意义世界实现领悟。

在阅读经典的过程中，一个人的阅读往往最容易让人产生孤独感和疲倦感，因此，在长时间的宁静与专注状态下的读者，必须要有强大的自我执行力。相反，名著电影这一由经典文本改编而成的节目形式，在吸引着大批电影爱好者的同时，还能让观众能够在一个适宜的环境中，以一个相对轻松愉悦的心境对电影文本有一个良好解读。而在共同阅读的过程中，在同伴的带动作用下，首先，将会增强读者的阅读意愿。其次，通过老师的点评分析，不仅可以降低阅读难度，还可以实现学生阅读能力的提升。最后，在共同的阅读氛围下，可以补足个别阅读的缺陷，即让难以持续专注阅读的经典，转变为"甘之如饴"的经典。

（三）"名著电影节"活动绩效评价

湖南人文科技学院图书馆举办的"文学名著电影欣赏节"创办于2015年。在活动结束后，尽管与播放电影相关的名著并没有在外借数量方面得到较大程度的增加，但是，通过数据比照，还是能够发现文学名著电影欣赏节所产生的图书推荐功能与阅读推广效益。另外，在书评影评征文活动环节中，不少同学也对文学名著电影欣赏节活动所具有的意义及功能，通过直接或间接的方式，展开了不少正向评论。

从学生征文中对观影的描述可以得知，文学名著电影欣赏节活动，首先，在提高了学生审美能力的同时，还极大地激发了学生阅读名著的积极性。其次，在增加了名著文本读者数量的同时，还提高了名著的社会关注度。最后，使经典名著借助电影的休闲娱乐优势，得到了较为广泛的传播。

（四）"名著电影节"活动开展的注意事项

1. 用心构思活动创意

一个好的阅读推广活动，都是建立在阅读推广人好的构思创意基础之上的。因此，每一个阅读推广馆员，都十分有必要保持高度的创新敏感性。在媒介竞争日趋激烈的当下，电视人更新观念、大胆探索，推出了许多全新的电视节目。高校图书馆馆员可以从丰富多彩的电视节目中收集创意。如文学名著电影欣赏节的活动框架，其创办灵感就主要来自电视节目《佳片有约》。

部分图书馆馆员还可以借鉴其他类型的电视节目，诸如《中国成语大会》

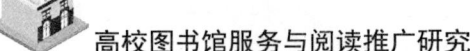

等传统文化电视节目的运作模式，并基于这种模式来开展成语大赛，或是趣味汉语知识竞赛等活动。同时，还可以借鉴《开讲啦》《朗读者》等节目形式，将这些节目的组织构成应用于图书馆或是经典诵读等阅读活动中，最终在好创意的支撑下，完成以图书推荐、读书征文以及名家讲座为代表的传统阅读推广活动的创新，最大限度做到常办常新。

2. 导入项目管理机制

"在当今社会中，一切都是项目，一切也将成为项目。"如《开讲啦》《中国成语大会》等节目都是采用与专业公司合作的项目机制，通过创新节目形态、彰显节目个性来满足受众需求，从而成就其"精品"的特性。高校图书馆在开展阅读推广活动时，可以将其视为一个阅读推广项目，图书馆与学生社团进行合作，通过这种形式来构建起一个项目组织，并且实行项目管理机制。

就文学名著电影欣赏节创办之初来说，除了要采用项目管理机制之外，还要组建运营团队。此外还要制定关于活动的具体事务相关规范，包括主持人选拔、PPT制作以及问卷调查、审稿流程等，通过这些环节的有序开展来保证阅读推广项目走上一个可持续的品牌化发展轨道。

3. 发挥活动复合效应

尽管书展、讲座和征文是图书馆举办频率较高的三种活动，可是在读者看来，这三种活动都不是十分完美的，在某种程度上来说，都存在着形式单一或是复合度不高的缺陷。例如基于馆藏开展的图书展览活动，无论是专题书展、学术书展还是好书选展、推荐书目展等，通常都是从某一书籍特征的角度出发，来选取与之相联系的图书，并在一定的时间内向读者进行展示。这种状况下的读者只需要进行观书、借书或购书，其他活动则不再参加，这样的阅读推广活动只能起到推荐图书的作用。常年举办的讲座活动也因"专家由图书馆定，主题由专家定"的讲座模式而门庭冷落；开展的主题征文活动也只能吸引擅长写作的读者参加，收到的征文篇数相当有限。文学名著电影欣赏节将各种常用的阅读活动形式进行了有效复合，不仅将电影与名著、阅读与写作，还将难度与乐趣充分融合在一起。在这个过程中，每一个读者都能感受到贴近自己、适合自己的活动内容，这样一来，在增强活动黏性的同时，还使活动的美誉度与影响力得到了提高。

4. 注重活动调查评估

要想提高活动的满意度，必须以读者需求为导向。图书馆要对读者的真正兴趣和需求有一个相对准确的把握，可采用的手段除了问卷调查、走访、座谈之外，还包括电话、邮件等形式。在创办文学名著电影欣赏节前，要在校园内进行一次走访调查，其结果显示，当代大学生对校园电影的兴趣，并没有随着手机网络的发展而减退。在高校校园内，由一些社团组织的小规模室内电影活动，在校园电影资源相对缺乏的情况下，受到了不少学生的欢迎。但是缺陷也凸显了出来，诸如在影片选择方面的跟风问题，在观影秩序方面相对混乱的问题，以及在互动交流方面比较空白等问题。

当下经典阅读正在逐步式微，在这种状况下，若是通过电影形式将电影背后的名著推广给广大观众，一方面，可以给观众以一种高品位的观影体验；另一方面，还能拉近经典与民众的距离，最终使精英文本在民间的价值能够得到提高，总的来多是益处良多的。在电影播放后通过发放问卷的方式来收集观众对活动的评价，主要采用打分制的方式来引导观众对活动中的各个环节，包括信息接收渠道、电影类型喜好，以及文本阅读意愿等进行评价和反馈，进而为活动改进提供一种方向引领和依据。

实践证明，在名著电影广告的推动作用下，将会对读者起到一定的吸引作用，使他们加入阅读文本的行列之中，使那些不被人们关注的经典能够再度曝光。影视是对文本的一种诠释，利用影视的力量，即文学名著电影欣赏节来进行阅读推广，可谓是一种最为理想的模式。

第八章 高校图书馆馆员的素养构成与提升

图书馆馆员是图书馆服务工作的主体，是图书馆发展的内在动力，提升高校图书馆馆员的职业素质是高校图书馆生存和发展的决定性因素。信息时代对高校图书馆馆员的素质和能力都提出了新的要求。本章分为高校图书馆馆员知识服务中的艺术、现代高校图书馆馆员的科研能力培养，以及图书馆馆员从业心理调适与职业活力激发三部分。主要内容包括高校图书馆馆员素养构成与提升、高校图书馆馆员知识服务中的"四多"艺术、高校图书馆馆员科研能力培养之必要性分析、高校图书馆馆员科研能力培养策略创新、图书馆馆员从业心理状况分析，以及图书馆馆员职业活力激发的构建等。

第一节 高校图书馆馆员知识服务中的艺术

一、高校图书馆馆员素养构成与提升

服务是一门艺术。高校图书馆馆员的素养构成与提升，不仅成为馆员自我发展的必修课程，而且关系到图书馆管理工作的质量与成败。学术素养与服务素养是高校图书馆馆员应该具备的两大基本素养。作为管理者、教师与服务员三位一体的高校图书馆工作者，必须时刻牢记自己的职责与使命，不断优化素养构成，提升自我职业的"专业化"服务能力。

《普通高等学校图书馆规程》指出，高校图书馆是为教学和科学研究服务的学术性机构，学术性与服务性是高校图书馆的两大本质属性。高校图书馆馆员在践行知识服务的过程中，应该做到多"心"、多"问"、多"荐"、多"研"，讲究"四多"艺术，从而提高图书馆读者服务的深度与广度。在信息环境背景下，图书馆的服务项目得到了极大的拓展，对图书馆馆员的服务能力提出了挑战。

而图书馆馆员的科研能力作为服务能力的一个重要指标亟待提高，对科研能力培养必要性的认识与培养策略创新成为两个不可或缺的课题。创造积极体验、塑造积极人格、构造积极制度是修正图书馆馆员职业中存在的三大缺陷，即现实从业者的自我边缘化、未来从业者的职业背离、社会公众眼中的职业专业化缺失，激发职业活力的三条有效途径。会议是人类社会发展到一定阶段的产物。参加学术会议是了解学术前沿、开阔知识视野、掌握科研方法、提升人生境界的一条重要途径。图书馆馆员应该积极主动地参与行业学术会议。图书馆馆员是图书馆各项工作的具体执行者，要提高服务质量，高校图书馆必须打造一支具备专业知识和技能、工作态度积极的馆员队伍。

（一）转变思维，增强主动服务意识

高校图书馆要从两个方面入手来加强馆员的职业道德建设，即通过教育和培训手段，使馆员树立以"读者"为中心的服务宗旨，并使这种理念深深植根于馆员的思想观念之中，使他们在不断细化与吸收"读者至上"理念的同时，将其落实到日常管理当中。

图书馆馆员一方面，要与读者建立一个良好的关系，只有这样才能了解读者的真正需求，并进行一种有针对性的服务；另一方面，图书馆馆员在服务的过程中，要善于换位思考，真正做到少急躁、多耐心的用心服务。

（二）加强业务培训，提升服务水平

大数据时代的到来，对图书馆馆员的知识结构水平提出了新的挑战；同时，高校图书馆为适应新时代背景下的新要求，应做到以下几点。

首先，要制订人才引进计划，加强专业技术人才的引进，以这种方式来改革和完善图书馆人员结构，进而使整个图书馆的服务水平都能得到提高。

其次，图书馆要建立馆员培训制度，通过不断加大经费投入力度的方式，为馆员创造进修和学习深造的机会，以此实现馆员整体素质的提高。

最后，图书馆馆员自身也要不断进行知识充电，树立终身学习的观念，通过积极参与科研活动，或是参与课题信息服务等活动，来提升自身的专业素养。

（三）明确馆员工作职责，落实奖惩机制

图书馆要通过一套完整的服务体系的建立，使各部门、每个岗位任务明确、职责清晰。而这一体系是建立在图书馆各部门的服务内容和服务准则的基础之上的，通过对各工作流程的编制，来对工作流程中的各项内容，包括服务措施、工作方法以及服务标准等，进行明确并形成制度或文件。同时，定期对各岗位

进行质量督查和绩效考核，对违反质量管理的行为或达不到服务质量标准的馆员予以提醒和批评，对服务态度好、服务质量高的馆员予以表扬和奖励。不断加强劳动纪律建设，做好馆员的思想工作，倡导自觉遵守规章制度，抵制散漫作风。这一体系的建立能够加强员工之间的沟通，为图书馆工作创造更加和谐的工作环境，也能够增强馆员的集体荣誉感。

二、高校图书馆馆员知识服务中的"四多"艺术

（一）高校图书馆开展知识服务是时代发展之必然

图书馆实质上是社会文化发展到一定程度的产物，它随着社会文化的发展而产生，同时，它的发达又有助于社会文化的发展。当前，我国社会文化正处于大发展和大繁荣的时期，图书馆所需承担的责任日益重大，图书馆具备的功能也需不断扩展。首先，图书馆的责任正是由所有馆员来共同承担的，每一位图书馆馆员都要承担相应的责任。其次，图书馆所具备的功能，包括保存功能、教育功能以及信息传递等功能，都有赖于每一位馆员的服务才能得以实现。现代图书馆发展的趋向，即以"图书馆知识服务"为中心的服务，对这一内容的研究一直是图书馆界研究的热点。尽管如此，国内图书馆界对"知识服务"的研究，还存在很多问题，例如，重理论而轻实践的现象等。为使图书馆读者服务在深度与广度两个方面得到提高，需要从馆员的工作实践出发，重视馆员在知识服务领域中的情感、语言、行为等方面的艺术。

（二）高校图书馆馆员知识服务中的"四多"艺术

1. 多"心"

高校图书馆是真、善、美三方面内容的物化形态，其高雅的人文环境潜移默化地影响着人的行为。高校图书馆所倡导的主流服务意识，简述起来就是"热心、细心、耐心"，同时，这也是当代知识服务馆员必须要具备的一种基本服务态度。图书馆馆员具有用心的、良好的行为艺术，主要表现在馆员服务艺术至上，即表情的艺术、姿态的艺术以及动作等方面的艺术。

其中，最具代表性的一项服务艺术就是微笑服务。作为服务行为中最普通的一种服务形式，微笑服务可以促进馆员与读者之间的感情交流。图书馆馆员的动作姿态，要充分体现出形体美和体态美；要做到稳重大方、庄重典雅；馆员要非常注意动作及声响，以免影响到需要在安静环境中进行阅读的读者；馆员的动作不仅要适度还要清晰明确；馆员还要做到谦虚有礼、热情适度，不能

做出带有恶意的低级的姿态动作。只有这样，才能使馆员展示给读者以良好的精神面貌和文化素养。

第一，热心。高校图书馆馆员在面对新入学的新生时，要尤为注意服务要热心。这是因为图书馆中蕴藏丰富的期刊、报纸，以及经典名著和教辅资料，这对新生来说有着十足的吸引力。同时，初入图书馆的新生由于不熟悉图书馆的布局和相关规章制度，若是馆员在提供服务时以冷漠的态度面对读者，甚至对犯错误的读者大声呵斥，这必将造成读者的流失，图书馆得以不断向前的动力也会逐步丧失。

第二，细心。图书馆能够正常运转的基础，有赖于馆员的细心工作。若是馆员在编目工作中不细心，其必然会造成同书异号、异书同号，或是馆藏地点与流通类型不匹配等诸如此类的问题，从而使图书馆流通环节的上架与借还工作受到影响；若是馆员在流通阅览工作方面不细心，其必然会直接造成馆读矛盾。

第三，耐心。图书馆能够留住读者有赖于馆员的耐心工作。高校图书馆馆员面对的多是血气方刚、容易动怒的大学生，因此，馆员只有耐心倾听读者心声，并且对规章制度的宣传施以足够的耐心，才能不断提高图书馆的知识服务的水平。

2. 多"问"

当代图书馆中以用户为核心的知识服务，强调馆员要充分融入用户解决问题的过程。简单来讲，就是馆员在提供服务时所需关注的焦点和最后的评价，应该是"是否通过馆员的服务解决了读者的问题"，而不是"馆员是否提供了读者需要的信息"。可见，解决与读者之间问题的关键就是馆员与用户的交流互动。而有助于馆员与读者沟通的手段，就是多"问"。

首先，图书馆馆员在面对读者的过程中，要注意展现语言艺术。图书馆馆员只有展现出文明而优雅的语言，才会与图书馆的文化氛围相吻合，对读者更会有潜在的影响。语言可以直接反映出图书馆馆员具备的思想修养和文化素质，而在语言艺术中，幽默语言的使用是其中的一项特色。当发生违章借阅、赔偿罚款等事件时，馆员的幽默语言不仅可以起到缓和气氛、避免冲突发生的作用，还能使读者自觉遵守图书馆的相关规章制度。馆员在知识服务中要创造一个互相理解、互相尊重的服务氛围，从而为读者与馆员之间的交流以及馆员各项工作的开展提供一个良好的环境。

其次，传统的参考咨询服务模式，主要是"用户问+馆员答"，但是由于图书馆在馆藏与利用方面，馆员与读者往往存在着信息不对称的问题，导致读者所提出的问题大都比较浅显，而馆员的回答也多是"有、没有、是、不是"，显然这寥寥几字的回答，对读者的帮助是十分有限的。因此，作为当代图书馆的馆员，不应等读者询问，而应多向读者提问。在馆员为读者提供服务的过程中，可以多采用这样的提问："请问您要找哪方面的资料"，或是"请问我能帮您吗"等。从而真正实现馆员充分融入用户解决问题的过程，在引导读者说出问题之后为读者提供帮助。

3. 多"荐"

"荐"字在此处意为推荐，这里所说的多"荐"，主要包括以下三个方面的内容。

第一，推荐图书馆。高校图书馆是高等教育的一大支柱，大学生通过对图书馆资源的利用，在弥补课堂教学的不足的同时，还可以提高自身的综合素质。对大学生进行宣传、推荐利用图书馆的最佳时期，就是在新生初入馆时期。因此，馆员要十分注意向学生推荐以图书馆自习室为代表的图书馆功能。

第二，推荐学习方法。刚步入大学的新生在过去的学习中具有一定的封闭性，这就导致许多学生对自己的兴趣爱好没有一个清楚的认识，部分学生所选择的专业更不是自己的优势科目。这意味着大学阶段的一个重要学习任务就是"发现自己的长处"，在此基础之上，对大学提供的教学资源和图书馆馆藏文献进行充分利用。实践证明，在激发大学生学习兴趣和指导大学生学习方法的过程中，相较于空洞抽象的说教，生动具体的实例显然更加具有说服力。馆员要积极向学生宣传与推荐学生榜样的实例，潜移默化地影响学生以后的学习、生活和行为。

第三，推荐图书。馆员积极向读者荐书也十分重要。首先，图书馆除了可以利用LED显示屏、图书馆网页等渠道向学生推荐新书外，还可以通过设置"经典书库"的方法，将分散于图书馆各处的典籍与精品图书进行整合，这样一来，可以使读者轻松找到经典书籍，而免受"寻找"之苦。其次，馆员要做好关于馆藏图书的利用统计工作，依据其结论，将读者高频借阅的图书以开展读书报告会或是专题讲座的方式，来开展宣传交流活动，并顺势发动全校师生"荐"书给图书馆的活动。

4. 多"研"

高校图书馆除了是重要的服务机构之外，更是科研重地。作为现代图书馆的发展方向的知识服务，对服务主体提出了更高的要求，即要具有更为扎实的专业知识和开拓创新的科学研究能力。高校图书馆始终将"提高图书馆馆员科研能力"放在重要位置。但是，虽然现实中不少"211 大学"有一半以上图书馆馆员都具有硕士以上学历，但是，他们提供的服务依然是较低层次的服务，只负责简单的图书借还，或是上架管理等方面的工作，不仅缺乏深层次服务的意识，还缺乏一定的技能及科研能力。"211 大学"的图书馆服务现状尚且如此，一般本科院校的服务能力与服务水平，由于受到办学规模、生源质量等方面因素的限制，其具体情况也就可想而知了。

现代图书馆工作要求馆员要不断加强知识服务的工作能力，充分体现以职业道德、业务能力以及素质修养和处理事务能力为代表的职责。图书馆馆员要与时俱进，尽快适应现代信息环境。馆员要在以读者为中心的基础上，基于先进的专业技术，指导读者通过网络技术手段来获取有价值的信息。这就要求馆员要具备以下几个方面的素质。

第一，要具备较高的思想道德素质。

第二，要具备较强的外语应用能力。

第三，要具备较强的科研创新能力。

第四，要具备扎实的专业知识基础。

第五，要具备熟练的专业技能，以及熟练的操作技巧。

第六，要具备能够在网络环境背景下，通过现代信息技术来搜索文献信息，并对相关数据资料进行处理的能力。

第七，要具备能够灵活面对复杂事件，并使之顺利解决的应对能力。除此之外，还要有勇于创新的精神。

总而言之，不管是图书馆馆员素质修养的提高，还是馆员工作能力的提高，除了有助于图书馆服务质量和效率的提高之外，还能充分体现出馆员具备的职责艺术。

图书馆馆员在开展科学研究的过程中，也使得自身提供知识服务的能力得到了提高。只有具备科研素养的图书馆馆员，才能为读者提供更好也更为个性化、深层次的、有价值的信息，针对读者的问题提供一种具有导向作用的解决方案。馆员要懂得服务的艺术，在提供知识服务时要讲究艺术，即馆员要具备不俗的谈吐、暖人的微笑以及得体的妆容等。当然，还要具备丰富的知识和一定的智慧。图书馆馆员只有自身不断钻研与修炼，才能真正发挥图书馆的各项功能。

第二节　现代高校图书馆馆员的科研能力培养

一、高校图书馆馆员科研能力培养之必要性分析

图书馆馆员服务能力的高低在很大程度上决定了图书馆服务能力的强弱。在信息时代背景下，对图书馆馆员的服务能力提出了更高的挑战，即除了传统服务的"借"与"还"之外，还要"研"与"创"。这意味着当代图书馆馆员必须要培养科研能力。

现代社会政治、经济、文化、科技的迅猛发展，在给当代图书馆带来机遇的同时，还带来了一定的挑战。图书馆收集、整理、传播知识信息的职能，由于信息技术革命带来的高新科学技术的运用，使文献信息资源得到了极大的丰富；以计算机和通信网络技术为中心的图书馆服务，逐渐代替了传统的以手工借阅、加工检索柜台式为代表的服务方式。这将大大提高图书馆馆员的服务水平和效率，同时，要求高校图书馆馆员除了要具备更高的素质之外，还提出了新的要求。

（一）图书馆服务创新的需要

有学者对辽宁省116所高校图书馆2006—2015年发表的论文数量进行统计，结果显示，年均发文量超过10篇的图书馆有17所，仅占该省高校图书馆总量的14.6%。由此可见，大多数高校图书馆的科研状况不容乐观，图书馆馆员具备的科研能力还需要进一步提高。这是因为在网络环境背景下，传统的图书馆业务正在逐渐萎缩，新的服务项目正在不断涌现，即传统"借还"业务正在被学习服务、馆外主动服务以及个性化定制服务等创新服务项目所取代。作为现代图书馆的馆员，必须要具备的一个指标、一个核心能力就是科研能力。

（二）图书馆馆员职业地位提升的需要

决定职业地位的主要因素，就是不同职业所拥有的社会地位和相对应的资源，其外在表现形式往往是职业收入和职业声望。在美国，"图书管理员"这一职业，依据理查德·赛特提出的职业地位分层理论，在从高到低的7个层级的职业中排在第4位。在我国这一职业准入制度尚未实施，图书馆馆员的职业地位相对来说恐怕会更低。要想实现图书馆馆员职业地位的提高，需要做以下

两个方面的努力。

第一，提高图书馆馆员的职业收入。那么如何实现图书馆馆员收入的提高？这就涉及图书馆馆员高级职称的申报，可以说，这一途径是一种行之有效的途径。全体图书馆馆员都要重视自身科研能力的提高，进而提高自身的科研产出力，这是因为图书馆馆员的职称评定的核心指标，就是科研成果。

第二，提高图书馆馆员的职业声望。而决定职业声望高低的重要因素就是职业"知识含量"的多寡。当代图书馆读者能享受到的服务还仅仅停留在非常有限的范围内，即只有简单的"借还"服务，没有真正做到"为人找馆，为馆找人"。图书馆中由于馆员所提供的服务没有多少"知识含量"，这就导致读者的知识诉求得不到满足，进而使图书馆的声望受到一定的影响。图书馆馆员要想改变这种状况，必经的途径就是不断钻研知识、培养科研能力，并以此来使自身的业务水平得到提高，进而使自身的职业地位得到提升。

（三）图书馆科研条件与资源充分利用的需要

第一，图书馆这一服务机构具有为科学研究搜集、整理以及提供文献信息资料的职能，图书馆活动与科学研究活动之间是不可分割的。从科研工作的角度出发，图书馆与科学研究活动中的实验室具有的重要性是一样的。

第二，图书馆中具有较强学术性的工作，往往都存在于流通阅览工作的背后，例如文献分类、主题标引以及文献管理等具有一定难度的工作。能够完成这些工作的馆员，必然具有一定的科研能力。

第三，随着信息技术的发展，图书馆中也逐渐出现了各种现代化设备，使图书馆的各个工作环节都开始走向电子化、网络化。图书馆馆员只要在网络上就可以完成一些具有很强技术性的业务，如在线编目、网上订购以及文献数字化等工作，这就对图书馆工作人员具备的学术科研水平提出了挑战。但是，当前图书馆馆员在科研能力方面还存在着缺失的问题，这就使得高校图书馆具有的科研条件与资源优势无法得到充分利用与发挥。

二、高校图书馆馆员科研能力培养策略创新

（一）科研评价机制创新

在当前的高校图书馆评估考核中，并没有纳入科研产出这一项内容。同样，在图书馆馆员的个人绩效相关考评指标中，也没有纳入科研产出量，导致高校图书馆也没有充分重视科研。高校图书馆只有致力于"高校图书馆评估指标"

的改革，致力于在馆员绩效评价机制方面进行创新，才能提供现代化的图书馆服务。只有在一个合理的评价机制下，激励馆员不断提升自身科研能力，鼓励馆员要扎实工作且服务态度要好，才能在激发馆员从事科研工作的热情的同时，使馆员能够长久保持专注于基础性服务的动力。

（二）科研宣传方式创新

图书馆馆员科研能力的提高受到"知识结构单一"的限制而难以提高，而解决这一问题的重要途径就是"学习+实践"。学术讲座这一行之有效的学术传播途径，有助于图书馆馆员开阔视野，不断完善与丰富知识结构和体系，并使其走向多元化。纵观我国高校图书馆，重视教学科研的院校往往都有一个共同的特质，就是重视学术讲座的举办。

作为大学教辅单位的图书馆，由于"信息不通"问题的存在，学生往往很少有机会参加"学科的、综合的"讲座，参加的大多只是院系举办的集体讲座。表现为各个院校举办的学术讲座，相关教师和工作人员只通知本院系的师生参加，没有为其他院系的师生提供相关信息指引和宣传，只能在电子屏幕上看到十分有限的信息内容。若外院系师生想要参加，还要额外花费精力去寻找相关信息。

因此，十分有必要在图书馆的欢迎标语或是电子屏幕上标注一些关于讲座的详细信息，诸如时间、地点等。这样做不仅可以为听众指引方向，还可以实现学术讲座效益的提高。

（三）科研培训要求创新

各省图书馆为实现全体馆员业务能力和专业知识的提高与丰富，会在每年举办10～15天培训活动，即使是在经费紧张的情况下，各高等院校图书馆也会选派馆员去参加培训。但是，这来之不易的培训机会却没有得到图书馆馆员的珍惜，在为期不长的培训期间，时常有参加培训的馆员提出中途返家的申请，有的馆员耽误的学习时间甚至长达一周左右，把参加培训当成旅游的人更是不在少数。

针对这种状况应该创新培训要求，通过对参加培训的馆员提出培训要求的方式来保证培训效果，如让参训馆员学成后分享学习心得，或是上交一篇学习论文等。这种方式同样适用于参加各种学术会议的馆员，可以说是一种既经济实惠，又行之有效的可提高馆员自身科研能力的良策。为保障培训目标和培训效果，提出明确的培训要求，再辅以可操作的培训考核方式，都是必不可少的。

（四）科研管理制度创新

高校图书馆馆员在学术研究过程中，不管是论文写作还是课题申报都属于个人行为，集体行动少之又少。其根本原因在于图书馆的日常管理工作不包括科研工作，并且也没有主要负责科研管理工作的领导。高校各院系的中层领导设置还存在着不完善的问题，缺乏分管科研的副院长、副主任，高校图书馆中更是缺乏负责科研的副馆长这一职位。这就造成致力于科研的馆员不管是在课题申报、学术讲座等诸多方面信息的获取上，还是在论文写作与发表过程中均无人指导，馆员只能单枪匹马地开展科研工作。

因此，十分有必要对图书馆的管理制度进行改革，将科研工作置于馆员日常工作的范畴之中，完善领导管理制度，设立明确负责科研管理的领导职位，积极鼓励馆员参与到学术科研工作之中，对从事科研的馆员进行有针对性的帮助，如为致力于学术科研的馆员创造外出参观、参会的机会等。

创新可以说是科研不可缺少的灵魂，科研的过程也是不断思考和实践的过程。作为服务机构和科研重地的现代图书馆，随着图书馆功能的不断拓展，当代高校图书馆馆员必须具有的一种素质能力就是创新。只有图书馆馆员的科研能力得到培养与长足发展，才能使图书馆的业务工作不断得以深化，并且为读者提供更具针对性的服务。

三、高校图书馆馆员素质的自我养成

（一）高校图书馆馆员的终身学习

知识经济时代的到来及信息技术的飞速发展，为图书馆带来了许多可应用的新知识、新技术。传统的图书馆管理知识已不再适用，正在被新观念、新理论以及新技术所取代。这时图书馆馆员为适应图书馆的发展，必须要树立终身学习的理念。一方面，基于图书馆团队总体培训目标，将新时期的团队管理理念与合作方面的新理论、新方法相结合；另一方面，要采用适合自己实际情况的再教育模式，通过网络在线互动学习模式，或是在职学历提升教育等诸多模式，来不断提升自身的素质能力水平，为适应新时代背景下的图书馆团队合作环境打下坚实的基础。

（二）高校图书馆馆员的团队学习

图书馆馆员在继续学习的过程中，要充分重视馆员与馆员之间、图书馆与图书馆之间的交流与合作。图书馆团队通过这种方式，有助于个体成长，通过相互借鉴和启发,有助于双方团队实现共同进步,进而实现图书馆团队整体素质的提高。图书馆在开展团队学习时,需要注意以下几个方面的内容。

第一,要注意转变观念,打破自我封闭状态,同时,树立起一种合作双赢的集体主义精神,并且形成团队学习的内在动因。

第二,积极扩展图书馆馆员团队学习的渠道,可以通过主动自发的私人交谈沟通,或是通过组织集体进行有计划的参观访问、知识讲座,或者是通过网络等灵活的交流方式来进行经验交流。

第三,组织图书馆馆员之间开展文体活动,以此来增进友谊、活跃气氛,创造一个有利于团队学习和交流沟通的较为宽松融洽的工作环境。

(三)高校图书馆馆员的教研活动

高校图书馆不仅是信息素质教育的重要基地,还是学术性信息服务机构。全体图书馆团队成员提供服务和进行科研的能力,在积极的对外宣传教育活动以及广泛深入的学术研究的推动下,才能得以逐步提高。可以通过学习班、讲座,以及利用网络的方式来提高馆员的信息素质和知识水平,通过对图书馆专业知识及先进信息技术的培训,对馆藏数据库资源的使用等多方面课程的培训,来带动馆员学习进取。

一方面,可以在图书馆内定期或不定期地开展一些业务学习活动或相关学术座谈会,加强馆际学术交流;积极鼓励馆员开展学术研究,撰写与本职工作相关的论文,鼓励馆员进行投稿并参加各类学术会议。在一些有能力的图书馆中,还可以建立一个学术骨干课题组,以图书馆学和文献信息学等方面内容为研究中心,确立专项研究。

另一方面,让具有丰富经验的馆员参与到其他学科课题组之中,充分发挥图书馆检索咨询、信息导向以及情报分析等方面的参谋助手作用,来帮助馆员不断提升自身创新素质,创造一个良好的探索求知的学习和科研氛围,从而使整个图书馆工作人员的知识层次都能得到有效的提高。

(四)高校图书馆馆员的岗位锤炼

在具体工作岗位上的图书馆馆员,首先,要珍惜工作实践的机会,活用书本知识,并形成爱岗敬业的良好风范。

其次,馆员要重视经验的积累,不断在实践中将图书馆相关知识转变为素质能力。

最后,馆员要重视同事之间良好关系的建立,只有在一个互相借鉴、互相帮助以及良好协作的工作实践环境中,才能不断提高馆员的个体素质能力,进而使图书馆整个团队的素质都得到提高。

（五）高校图书馆馆员的管理机制

图书馆的不断前进有赖于人才素质和组织管理带来的推动力，若图书馆没有一个有效的管理团队，就无法将人才进行整合，也就无法实现图书馆的良性运作。

图书馆团队的建立与完善直接关乎全体图书馆馆员素质的养成。一方面，建立一个适用于图书馆团队的考核评估指标和奖励制度，有助于凝结集体，重视团队氛围的创造，为图书馆馆员的团队合作打下相对轻松的环境基础；另一方面，图书馆要重视馆内岗位人员互换流动机制的建立，即图书馆团队成员在一个职位工作一段时间之后，与其他馆员进行角色互换。通过这样的方式，其一，可以不断优化馆员队伍之间的组合；其二，能使团队技能互补效应充分发挥出来。此外，通过这一方式，还可以让馆员了解到不同职位的具体工作内容，掌握不同岗位的工作性质和业务技能，从而有助于馆员间合作精神的培养，使团队合作之路能够更加顺畅。

综上所述，在图书馆内部建立起一个相对完善的人才引进与在职培训相结合的用人机制，除了可以充分调动馆员的竞争意识和上进心之外，还可以使馆员的环境适应能力得到提高，从而提升图书馆团队整体素质。

第三节　图书馆馆员从业心理调适与职业活力激发

一、图书馆馆员"积极心理学"解读

自心理学从哲学之中分离出来之后，就意味着心理学取得了独立地位。在这种状况下的心理学主要面临以下三项使命。

首先，是治疗人的精神或心理疾病。

其次，是帮助普通人能够生活得更加充实和幸福。

最后，是发现具有非凡才能的人，并对其进行培养。

对这三项使命的同等关注被战争无情地打破并留下了"后遗症"。第二次世界大战后，人类面临一个千疮百孔、生存艰难的现实世界，对各种问题的解决成了战后最紧迫的任务。"心理学"也自然地放弃了后两项使命而把注意力集中在第一项使命上，以矫治社会或人存在的心理问题为中心，期望通过修复人类损坏的部分来达到心理健康和社会健康，使得心理学具有了病理学特征而

被称为"病理式"心理学，亦称消极心理学。受此影响，个体的自我完善、自我激励等正常而又积极的功能受到极大限制，学界研究也习惯于从问题入手，提出解决问题的意见和措施。

对于图书馆职业的研究，学界应当将重点放在情绪衰竭（缺乏工作热情，有挫折感）、去人格化（对上级和服务对象挑剔冷漠）、低成就感（自我评价低、对职业的认可度低）等方面，关于"职业活力""职业投入"等的积极情绪研究极其稀少。这一状况随着积极心理学的兴起有望得到改善。

据相关学者研究，积极心理学的产生源于对传统心理学研究的批判和反思。以精神分析和行为主义为代表的传统心理学一直以来都把重心放在心理问题的研究上，如心理障碍、婚姻危机、毒品滥用和性犯罪等。尽管这种病理式心理学对人类社会发展做出了很大贡献，但它背离了心理学存在的初衷。积极心理学认为，积极是人类固有的一种本性，只有人自身的积极品质和积极力量才是预防问题发生的最好工具。

人的生命系统不是由问题构成的，而是一个开放的、自我决定的系统，既有潜在的自我内心冲突，也有潜在的自我完善能力。即使是面对各种挑战、挫折和困境，绝大多数有着理性思维的人都有能力使自己活得更美好、更有活力。因此，"实现心理学的价值平衡、强调研究每个人的积极力量、提倡对问题做出积极的解释"是积极心理学的三大主张。积极心理学强调，人不是为了没有问题而存在，人是为了生活幸福而活着。近年来大众媒体对幸福感、获得感的采访讨论，就是对积极心理学的具体应用。

二、图书馆馆员从业心理状况分析

（一）现实从业者：自我边缘化、幸福感缺失

关于自我边缘化，述说起来是指主动边缘化，也就是把自己放在边缘位置的状态。关于他人边缘化，述说起来是指被动边缘化，也就是他人把自己放在边缘位置的状态。外因是变化的条件，内因是变化的根据，他人边缘化带来的危害远不及自我边缘化的危害。当前图书馆馆员自我边缘化，主要表现为以下三个方面。

首先，是职业信仰变得脆弱。

其次，是对行业前景与个人发展两个方面，持有相对悲观的看法。

最后，是对图书馆核心价值的认同感不再稳固，进而产生动摇。

依据现实可知，在图书馆馆员这一群体中，常会出现的词是"郁闷"。这

是图书馆馆员内心深处对这一职业的看法的直接表现,他们普遍认为自己的工作不仅简单、枯燥,还比较辛苦。不少一线图书馆馆员常常抱怨道:"经常待在图书馆,人都变傻了。"范并思教授认为"开放、平等、包容、隐私"与"服务、阅读、管理、合作"是表述现代图书馆理念与图书馆行业特征的核心价值,然而,这套价值体系在现实从业的图书馆馆员心中的认同感却不容乐观。从大多数图书馆馆员的视角来看自己的职业,他们多用"称职的图书保管员"来描述,不仅没有认清自身具有的"优质服务者"角色,也没有认清自己所扮演的信息资源组织管理者角色,或是信息利用导航者和教育者等方面的角色。

根据相关调查可知,有近一半从业的图书馆馆员,认为自己的职业社会地位低,没有广阔的职业发展前景,不仅比较缺乏专业归属感,在职业幸福感方面,也处于比较匮乏的状态,认为自己从事的职业属于社会的附属群体。从上述内容中可以看出,这些图书馆馆员为自己从事的职业感到自卑,缺乏一定的工作热情,极易成为"隐形馆员",相应的其自身所具有的价值也难以发挥出来。

(二)社会公众:学科专业模糊、获得感缺失

图书馆馆员在社会公众看来并不需要什么使命感,只需要管理图书就好,对图书馆馆员的职业素质要求只局限于最基本的服务者素质以及最简单的专业素质。社会公众在形容图书馆馆员这一职业时常使用的句子是"社会地位尚可、清闲、稳定",或者是"有些重复、枯燥",或是可以工作家庭兼顾、徘徊于体力劳动与脑力劳动之间的一种职业。社会公众普遍认为,图书馆馆员这个职业适合没有太高经济追求、年岁偏长的女性。关于社会公众对图书馆馆员的看法,还主要体现在以下几个方面。

第一,公众对图书馆馆员的职业判断,还只停留于为体力劳动与脑力劳动之间的一种职业,并且认为它是一种无经济压力的女性完全可以胜任的职业,这充分体现出在社会公众看来图书馆馆员是不具专业性的。实际上,就职业的专业化来说,其与经济收入是成正比的。

第二,自公共图书馆零门槛开放实行以来,已过了多年,但是图书馆依然门庭冷落。社会公众普遍没有意识到图书馆所能起到的重要作用,认为它是可有可无的,更别说从图书馆中感受到阅读带来的愉悦了。

综上所述,在社会公众心中对图书馆的专业形象并没有一个清楚的认知,即使是社会精英群体,对图书馆的专业形象也没有充分认同。他们对图书馆服务的满意度最低,对图书馆工作的舒适度却有着强烈的偏见。

(三)未来从业者:教育与职业疏离、自豪感缺失

在专业化职业领域，常会发生教育与职业疏离的现象。关于教育与职业的疏离主要表现在两个方面，一是未来从业者在择业时产生的职业背离；二是专业化职业在择人时产生的专业背弃。关于专业化职业，述说起来是指由掌握专业知识和技能的专家从事的职业。在现代社会，只有少数行业（如教师、医生、律师、会计等）被赋予专业化地位。对图书馆馆员职业专业化程度起决定作用的因素主要有两个，一是发生于图书馆学专业学生身上的对图书馆职业的背离；二是图书馆职业实践对图书馆学专业学生的背弃。

关于学生对职业的背离，可以分为主动背离与被动背离。前者是指图书馆学专业的学生，在结业后择业时不愿意选择与图书馆相关的工作，其原因主要有以下两个方面。

第一，就读图书馆学专业的大学生，有很多都是被调剂过来的，并不是他们自身愿意学这个专业的。有的学生甚至厌恶此专业，相比"牛气"专业（如高分子材料、金融学、建筑学等）学生"横着走路"的霸气，图书馆学专业的学生毫无专业自豪感，他们走路更愿意"贴着墙角慢慢挪，生怕被人撞见，被问起什么专业"。

第二，自20世纪90年代以来，图书馆学教育领域的主干课程被不断删减，相应地增加了很多企业战略信息管理以及信息管理与系统等方面的新兴课程，这就导致图书馆学教育的就业范围变得广泛起来。

被动背离则是指图书馆学专业的学生就业时，依据其主观意愿而不愿到图书馆工作。但是，一方面，由于图书馆对流通阅览、参考咨询以及采访编目等方面的岗位需求，随着信息技术的发展正在不断下降；另一方面，图书馆专业毕业的学生自身又不具备软件开发、网络数据库管理，以及知识产权等方面的专业素质，使他们难以适应一些图书馆新兴岗位要求。而且图书馆在进行人才补充时，首先考虑的是其他专业且具有相同学历的毕业生，其次才考虑本专业毕业生。

三、图书馆馆员职业活力激发的构建

"活力"一词源于生命，指的是一种有能量的、热情的、有精神的状态。图书馆馆员这一职业活力的焕发，离不开内在生命价值体现和外在服务价值体现的有机结合。

（一）建设积极馆风，培养职业道德

高校图书馆馆风建设，除了是图书馆最为基础的建设之外，还是图书馆事

业得以发展的一种无形财富。高校图书馆是为教学和科研服务的学术研究机构，是能够为全校师生提供汲取知识以及获取信息服务的一个重要宝库。对于高校图书馆事业而言，馆风建设无疑是一项至关重要的发展事业。

1. 馆风的含义和内容

图书馆馆风主要包括两个方面，即广义的馆风与狭义的馆风。前者述说起来是指图书馆在发展过程中，结合具体实践由馆员在工作过程中逐渐形成的在处理周围事物的时候所使用的共同方式和方法。后者是指图书馆全体成员在实际工作中形成的包括最高目标、作风、共同价值观，以及传统习惯和行为规范等方面在内的有机整体。

可以说，馆风是图书馆具有的思想成就和精神文化两个方面的一种共同取向，馆风不仅蕴含着馆员的共同观念，还蕴含着他们对馆风的信仰。关于构成馆风的四大要素，分别是价值观、模范人物、行为规范以及交流网络。关于馆风的内容，主要包括勤奋进取、团结协作、严谨诚实、优质服务、文明礼貌，以及依法治馆和创新贡献。

2. 高校图书馆馆风建设的意义

第一，馆风建设除了可以教育和激励员工之外，还可以培养出一批高素质的员工队伍。

第二，馆风建设除了能够促进业务工作之外，还可以使图书馆能够更好地为教学科研服务。

第三，馆风建设除了能优化育人环境之外，还可以提高读者素质。

3. 高校图书馆馆风建设的具体措施

图书馆最基础的建设之一就是馆风建设。自 21 世纪以来，建设优良的馆风始终是当代图书馆事业发展的必然需求，并且这一需求是建立在若干保障设施的基础之上的。关于馆风建设的保障，主要有以下几个方面的具体措施。

第一，继承创新。高校图书馆应当使图书馆馆风融进符合新的时代发展要求的崭新内容。

第二，人格感召。关于人格，述说起来是指一个人长期形成的一种相对稳定的品格和操守。这就要求图书馆馆长不仅要具备较强的专业素质能力，还要拥有高尚的人格。

第三，制度保障。在图书馆的运行机制中，十分有必要加强业务和行政工作制度建设。一方面，对业绩优秀者给予奖励；另一方面，对违规违纪者给予处罚，以此来保证良好馆风的形成。

第四，合力共建。高校图书馆的馆风建设，可以说是图书馆全体成员共同具有的一种责任。它还是一项伟大工程，需要全馆上下团结一致、齐心协力，为建设自身的优良馆风贡献力量。

第五，榜样示范。一方面，通过培养和树立先进个人的方式；另一方面，通过树立图书馆部室先进典型的方式，以此来树立一个榜样，并通过榜样的力量来消除图书馆工作中的消极因素。总而言之，良好馆风的形成对图书馆事业的发展发挥了极为重要的支撑作用，同时还有着重要的指导意义。

第六，队伍建设。在馆风的建设过程中，必须要充分重视以人为本的原则。一方面，要对馆员的理想、信念以及思想观念进行加强；另一方面，要加强馆员的职业道德教育，使馆员具备爱岗敬业的职业道德和扎实工作的进取精神，并且具备一定的开拓创新意识。

第七，学术推动。要想实现馆风建设迈向更高的层次，一要提高全馆人员的学术研究水平；二要通过学术研究来带动馆员素质的提高；三要以学术研究能力的提高来促进图书馆地位的提高；四要以学术研究来促使文献信息服务档次的提高；五要以学术研究推动服务工作。

（二）创造积极体验，激发职业乐趣

体验是指人为应对外界刺激而做出的一种心理反应。体验往往通过情绪的方式表现出来，也因此又将体验称为情绪体验。积极的情绪体验有满意感、满足感、成就感等（针对过去的）；福乐感、快乐感、愉快感等（着眼现在的）；乐观感、期待感等（面向未来的）。图书馆创造积极的情绪体验，包括注重用户的积极体验与关注现实从业者的积极体验两个方面。

1. 注重用户的积极体验

关于图书馆用户体验，述说起来是指用户在利用图书馆的过程中所产生的全部印象和感受，它决定了图书馆的服务质量，决定了用户的满意度和忠诚度。关于图书馆的用户体验，主要包括三个层次，分别是感官体验、交互体验以及情感体验。环境心理学认为，舒适、幽雅、整洁、安静的环境能够给用户带来积极的感官体验。

图书馆为用户留下良好的初始印象，一则有赖于情景化实体及终端环境的布置；二则有赖于给用户以全方位的感官刺激。关于影响读者交互体验的主要因素，分别是可用性、可找到性以及可获得性。

此外，关于用户体验的创造过程，简单来讲就是一个图书馆和用户双方进行服务互动的过程。图书馆在为社会公众创造积极体验的同时，也为自己赢得了许多支持，相应的，图书馆馆员在工作的过程中就能感受到更多的乐趣。吴晞先生在带领深圳图书馆团队研发"城市街区24小时自助图书馆系统"时，希望能够"赋予自助图书馆一个具有人文情怀的'灵魂'，而不是一台冷冰冰的机器"。他们也终于不负众望，"一名深圳员工因使用了自助图书馆这项便民服务设施而放弃回老家发展计划"的故事让深图员工们倍感荣耀，因为用户的满意就是现代图书馆社会价值的体现，更是图书馆馆员职业乐趣之所在。

2. 关注现实从业者的积极体验

在当代，个体在进行职业选择的很多情况下，并不完全是建立在自己的兴趣和才能的基础之上的，真正对他们的选择起决定作用的因素可归结为：偶然的机遇，或者说是迫于生活的压力等。面对图书馆工作持消极态度的馆员，他们经常抱怨的根本原因在于，他们只是视工作为谋生手段情况下的不得已为之，这就导致图书馆馆员在面对任务和挑战时，处于被动的服从状态可以说是他们的常态。此外，他们还往往缺乏主动承担责任的意识。那么，在这种"被动的我"的职业状况下，可想而知真正的职业乐趣是很难获得的。

出于上述种种原因，积极心理学对个体业余爱好的发展投以了足够的重视，这是因为业余爱好这一活动本身所带有的色彩，除了"自带目的"之外，还是没有任何"外在要求"的一种活动。同时，也容易产生福乐体验（指人们对某一活动或事物表现出浓厚的兴趣并能推动个体完全投入该活动或事物中的一种包含愉快、乐趣等多种成分的积极情绪体验）。一些西方学者认为，练瑜伽时的心理投入要远远大于身体投入，极易诱发福乐情绪，因而鼓励人们通过练瑜伽的方式来对待自己日常的单调工作，这样可以帮助人们从单调或不愉快的工作中获得好的心情和快乐。所谓"天生我材必有用"，每个人都有一把"刷子"，哪怕这把"刷子"的用途与职业无关，只要能发挥到极致，同样可以创造幸福生活。

（三）塑造积极人格，促进职业幸福

人格是指支持个人生活的认知、情感以及行为的复杂组织。人格不仅包含人先天的基因因素，还蕴含着人后天的生活经验，具有统一性、稳定性、复杂性、独特性等特点。在积极心理学领域，十分重视对人的内心存在的积极力量的研究，人只有在固有的积极力量方面得到培育和增长，才能成功消除和抑制住人性中的消极因子。关于个体积极人格的培育，主要有两条途径，一是增加心理

享受，二是培养良好自尊。

1. 增加心理享受

心理享受主要是一种积极的情绪体验。心理享受诞生于个体超越了自身原有状态的某一时刻，诸如运动员超越或是创新了自己的记录时，心理享受就会产生。可以说，心理享受正是一种人在实现自我价值以后的高峰体验。当个体产生这种心理享受之后，将会持续很长一段时间，并且这种情绪还会迁移到个体的生活或工作的其他方面。在现实岗位上工作的图书馆馆员，应该有意识地把外在职业规范转化为自身内在的职业道德和职业特长，积累心理享受，做一个价值型馆员。

2. 培养良好自尊

自尊是指个体进行自我评价后，所做出的能够长期保持的对自己持赞许的看法。自尊主要是人对自己的一种认同，包括对自身能力、对自身重要性和价值方面的认同。自尊是人人都有的，只在自尊的程度上存在着高低差异。例如，"相夫教子"是每一位女性的重要使命，因此当丈夫事业有成、子女学有所成时，作为妻子和母亲的女性会有一种强烈的自尊感。看到一张张喜悦的求知脸庞，我们也能感受到一种被人尊重的幸福。在图书馆工作中，图书馆馆员的自尊就存在于读者的感谢之中。可以说，一个拥有职业幸福感的图书馆馆员，一定是可以在工作中感受到自尊的从业人员。

（四）构造积极制度，提高职业声望

关于职业声望，述说起来是指人们对某种职业的总体评价，这种评价反映了社会对该职业和群体的认可度。职业功能、职业待遇、职业环境、职业要求是决定职业声望高低的主要因素。我国图书馆馆员的职业声望总体偏低，因此构造出一个积极的制度环境，对于图书馆馆员职业声望的提高来说，是极为有益的。

1. 国家层面：推行图书馆馆员职业资格认证制度

关于图书馆馆员职业资格认证，述说起来是指"按照国家或图书馆协会制定的职业技能标准和任职资格条件，通过政府主管部门认定的考核机构，对图书馆从业者的技能水平和任职资格条件进行考核和鉴定。在考核达标之后将会授予合格者以相应证书"。可以说，获得证书者，就意味着获得从事图书馆工作的职业资格。

英国是最早推行这一制度的国家，经历了上百年的发展。图书馆对从业者

的职业技能和专业理论的要求越来越高,甚至要求精通多国语言。图书馆馆员这一职业所具有的专业性,近年来得到了社会公众的高度认可。进行图书馆馆员职业资格认证制度推广的措施,可以说将从源头上扼住图书馆职业中各种问题的命脉,做到对这些问题一击即中。

第一,依据图书馆馆员职业资格认证制度,来进行图书馆的招聘和人才录用。一方面,有助于推进我国图书馆人事管理制度改革;另一方面,有助于提高公众对图书馆馆员专业化形象的认可度。

第二,相关图书馆可以将职业资格认证制度,作为一种能够对馆员起到正向促进作用的激励和监督机制。关于职业资格认证制度的作用,首先,图书馆从业人员可以依据这一制度对自己的职业进行重新定位,并在这一过程中树立起一个正确的职业观,同时树立正确的价值观。其次,这一制度可以使图书馆学作为专业教育得到更好的发展,并且还能解决存在于教育与职业之间的疏离问题。

2. 单位层面:创建积极的工作制度

工作特性模型理论认为,技能的多样性、任务的同一性、任务的重要性、任务的自主性、任务的反馈性是影响个体对其工作是否满意的五大因素。在这五大因素影响下,个体会产生的心理状态主要分为以下三种。

第一,对工作意义的理解。这一心理状态的决定因素是技能的多样性和任务的同一性以及任务的重要性。

第二,对所造成结果的起因的了解。这一心理状态的决定因素是任务的反馈性。

第三,对工作结果的尽责。这一心理状态的决定因素是任务的自主性。

根据"潜力激发分数"可以得出,任务自主性程度和任务反馈性程度二者具有乘法效应,一方面,可以激发出单位员工的工作动机;另一方面,有助于开发员工潜力。现代企业管理的实践证明了这一研究成果。而现代企业管理中蕴含的重要法则,是增加员工在工作中的自由度,以及改革员工工作反馈的次数。在图书馆各项规章制度的设计方面,不仅要合情合理,还要包含一定的积极意义。具体规章制度的改革措施可借鉴以下内容。

第一,图书馆上班制度,可依据不同的工作岗位性质来灵活设置。

第二,建立每周巡查制度。记得《小猫杜威》中的薇奇·麦仑馆长每天上班做的第一件事情就是逐层逐室地巡视图书馆。因不少高校图书馆馆长兼具教学任务而不太可能做到每日巡视,但每周巡查还是切实可行的。这样一来,有助于督促各库室馆员恪守职责，不仅可以及时发现问题并进行反馈，同时还可以依据巡查结果，为图书馆的年终评优提供数据支持。

第三，建立人才发展制度。这一项内容是指在图书馆人才发展方面，涉及图书馆馆员工作两个方面能力的提升，一是对各种知识技能的吸收利用；二是个体职业能力的提升。

图书馆馆员的从业心理除了直接关系着工作质量之外，还直接影响着馆员的生活幸福与否。积极心理学不仅为如何激发图书馆馆员的生命激情提供了开放视角，还有助于激发出馆员的职业活力。

第九章 微阅读时代高校图书馆服务创新与阅读推广策略

随着网络信息技术的普及和计算机技术的发展，以微博、微信等信息传媒为主体的微时代正在渗透到象牙塔生活中的方方面面，也改变着传统的阅读习惯和方式。本章主要分为微阅读时代高校学生的阅读现状、高校图书馆阅读推广中存在的问题、微阅读时代国内外图书馆阅读推广经验借鉴、微阅读时代高校图书馆阅读推广的服务模式和微阅读时代高校图书馆引导学生阅读行为的策略五部分，主要包括高校学生的阅读现状、高校图书馆阅读推广中存在的问题及对策、微阅读时代国内外图书馆开展阅读推广的经验借鉴等内容。

第一节 微阅读时代高校学生的阅读现状

一、高校学生的阅读现状

首先，大学生的阅读兴趣处于逐步提升中。新媒介环境下的阅读便利性增强，获取信息的途径和选择范围也更加广泛，各类智能通信工具的无缝切换，加上文字与图片的视觉冲击，进一步加强了大学生的阅读兴趣。同时，"微阅读"带来的碎片化学习模式，提供了丰富的阅读体验，有利于大学生之间的阅读交流和互动，体现了新时代阅读的人性化特征；另外，微时代阅读的弊端也不容小觑。随着阅读信息量呈几何级数增加及更新速度加快，势必带来阅读质量的下降，"浅阅读""消遣性阅读"成了阅读的主流趋势。阅读多了，但思考少了，对大学生人文素质的提升并没有明显帮助。同时，对于自控能力还不是很强的大学生来说，微时代阅读不但造就了一大批的"低头族"，而且往往使阅读行为偏向于互动交流，忽略了阅读本身的功能。

（一）数字阅读占比远超传统阅读

曾有专门针对北京、河北两地高校学生（包括建筑学、新闻传播学和文学等专业的 700 名研究生与本科生）阅读情况的问卷调查，最终统计的结果显示，有 74% 的受调查大学生倾向于数字阅读。

此外，多项针对大学生的问卷调查结果表明，数字阅读占比远高于传统阅读。因此对于高校图书馆来说，不得不去思考如何使大学生多样化的数字阅读需求得到满足。

（二）移动阅读终端的使用比例超过个人计算机

被调查的大部分大学生会将自己首选的数字阅读设备定为手机或个人电脑，而且大学生使用电脑阅读的比例已经远远低于手机阅读的比例，在使用比例之首的是数字阅读终端。而像 iPad 等平板电脑或 Kindle 等专用电子阅读器等都曾有过销量爆发式增长的时期，人们对平板电脑在未来的发展也始终持乐观的态度，这是因为平板的媒体功能是非常丰富的，且它的功能更偏向于电脑。

当然，对大学生来说，有丰富功能且价格低廉的智能终端更会吸引他们的注意力，也能促使数字阅读呈现出爆发之势。包括手机、平板电脑和类似于 Kindle 的专用电子阅读器在内的移动阅读终端，在年轻人群体中的使用比例终将超越个人计算机，并且差距将越来越大。包括高校图书馆在内的教育文化机构，都应当吸取移动阅读终端的经验，通过向各阅读终端借力，让读者置身于便利的数字阅读平台和内容之中。

二、大学生在微阅读时代中的阅读特点

高校学生求学求知的重要途径就是阅读。随着网络和技术的发展，近年来，学生的阅读状况发生了很大变化。通过对比分析清华大学、中国人民大学、北京师范大学、电子科技大学等几所高校图书馆的调查结论，可以得出大学生群体的阅读具备以下几个特点。

（一）"碎片化"

微阅读特别是移动阅读中最普遍的特点就是"碎片化"。不只是大学生群体，即便是普通大众，他们的数字阅读时间也会因为工作而受到制约。并且，随着网络技术和信息技术的发展，受众的阅读渠道可以说非常多样，信息资源也越来越丰富，任何一款应用平台都难以占用受众太多时间。大学生用户几乎每天都会进行数字阅读，但大部分人的累计阅读时间都不会超过两个小时。原

因有三：其一，大学生群体还是不同于普通读者的，他们有着丰富的课外活动，所以不会有专门的时间去进行数字阅读；其二，可能因为他们把大部分时间都放在了网络聊天和电子游戏上；其三，因为专攻学业而不会把全部精力都放在数字阅读中。

（二）内容为王

大学生群体在选择阅读平台进行数字阅读时，最先考虑的因素是平台的内容资源是否丰富和优质。可见，无论是传统出版物还是电子书，俘获大学生读者的第一要素一定是好内容。此外，交互性能良好也是大学生群体关注的重要因素。良好的交互性能及优美的视觉设计可以有效提升阅读的愉悦感。

（三）兴趣集中

在大学生群体中，其对数字阅读平台的首选即在线免费阅读和浏览资讯，而购买电子书则几乎排在最后。可以看出，数字阅读之所以受到人们的喜爱，很大一部分原因就是物美价廉。此外，在数字阅读的过程中进行社交已经成为大学生群体中不可小觑的使用需求。阅读为社交提供内容，社交激励阅读热情，两者结合起来也可能成为提高数字阅读平台用户黏性的方法之一。

（四）深度学习的抉择

尽管数字阅读资源大受追捧，但当调查大学生更喜欢数字教材还是纸本教材的时候，答案就不太统一了。喜欢数字教材的大学生认为，数字教材图文并茂、轻便、适合自己的专业，而传统纸书太重，对"翻书"的感觉不在乎是电子书还是纸质书；而喜欢传统纸质教材的大学生则认为，纸质教材有厚重感，有书香（墨香），不伤眼睛，有读书的感觉。总之，关于是数字教材还是纸质教材更适合大学生进行深度学习的话题仍没有定论，两种教材互相结合与补充的学习方式也许会成为多数大学生的选择。

三、微阅读时代下"碎片化学习"的利与弊

微阅读是新时代的产物，存在即合理。任何一种新生事物的产生，一定有其积极向上的一面。对于大学生而言，阅读不再是坐在书桌前一本正经地学习。微阅读能让大学生进行更为自主的时间安排。碎片化学习的优势，就如同经济学中的长尾理论，把那些看似微小的零碎时间利用起来，积少成多，零存整取，经过长期的积累，文化的积淀将不容小觑。同时，微阅读属于新兴事物，对于略显枯燥的传统阅读过程来说，符合大学生的猎奇心理。因此，微阅读作为这

个时代的新产物,自有其积极的意义。

同时,我们也要看到一种新科技对大学生阅读行为的负面影响。微阅读信息量大,很多都来自网络,并不像传统纸质书籍那样经过一定的筛选。对于面对信息洪流的大学生而言,很容易迷失在网络微阅读的浩瀚信息流中,忘了阅读原本的目的。"微阅读"的娱乐性让学生产生了网瘾、社交障碍等不良网络疾病。更有甚者,有些有害的信息会乘虚而入,对于文化甄别能力尚不够成熟的大学生来说,是相当危险的。此外,微阅读利用的"碎片时间",在阅读的连续性和一致性方面难以得到有效的保障。这种不连贯的阅读节奏,可能给大学生读者带来"饥饿阅读"体验,也可能让读者失去阅读的兴趣。所以,微阅读就像一把双刃剑,若使用不当,反而耽误了读者的阅读。无论利弊如何,微阅读已经存在于当代大学生的日常生活中。如何让微阅读发挥正能量,还需要高校图书馆承担起阅读推广的领路人。一方面,高校图书馆利用自身的文献信息资源,给予微阅读充分的原材料补给。馆员对阅读材料进行一定的把关和筛选,从微阅读角度和大学生阅读角度出发,把相关资源进行重新整合。另一方面,图书馆自身也是微阅读的探索者,从阅读材料整理、阅读平台的搭建到相关个性化APP软件的应用,都需要图书馆在幕后不断付出努力。同时完善校园网络基础设施,为微阅读提供多站点接入。

四、大学生微阅读与学习的发展趋势

数字阅读与学习的发展趋势呈现新特点,主要包括以下几点。

①个性化:个性化除了是个体化、差异化的,还能使学生对自身的学习时间、学习方式和学习内容进行自主选择。

②移动学习:移动学习指的是运用手持设备,如平板电脑和智能手机等移动设备进行学习的方式。移动学习能够带来的好处,在于访问的便捷性、多媒体学习类型、情景化学习等。

③大数据化:大数据能够使人们更深入地了解学习过程、有效跟踪学习者及学习小组,有利于实现课程的个性化。

④游戏化:游戏化是将游戏机制及游戏设计引入阅读和学习中,以吸引学习者,并帮助他们实现自己的学习目标。游戏化是利用学习者获得成功的欲望及需求,高校图书馆应顺势而为,针对本校读者特点做好服务转型与改革,为读者提供与时俱进的服务。

第二节 高校图书馆阅读推广中存在的问题研究

一、高校图书馆阅读推广中存在的问题

（一）主体机构缺失

高校图书馆如今在阅读推广活动中有一个很重要的问题，那就是缺少阅读推广的主体机构，主要表现为两点。首先，阅读推广常设机构缺失。很多高校在开展阅读推广活动时，服务机构中的人员都是临时组织的，而并没有将常规的高校图书馆基础服务作为阅读推广的定位。所以，这个问题可以说非常重要，它将决定着阅读推广活动能否顺利地开展下去。其次，阅读推广学生机构很少。就现在的情况而言，我国很多高校还没有成立学生自助组织机构，因此开展阅读评比、指导和交流等活动也更加遥遥无期，学生参与阅读的积极性也很难被调动起来。

（二）活动主题单调

虽然各个高校的图书馆开展阅读推广活动的形式很多，但主题都缺少创新性且非常单一，很多大学生读者对其都没有什么兴趣。特别是在对活动进行策划时，人们依靠的常常是惯性思维，并且会因为没有对学生的实际需求和阅读兴趣做认真调查，最后导致策划出来的活动不尽如人意，不能吸引读者，那么阅读推广活动也就很难进行下去了。

（三）数字资源不足

文献资源有多种不同的形式，其中包含纸质文献和数字文献。数字文献相较于纸质文献来说，主要优点在于体积小、容量大和易检索。当然，数字文献本身也是存在局限性的，比如要利用计算机等电子设备进行阅读。就目前的状况看，我国的高校图书馆是比较侧重纸质资源阅读推广的，虽然数字资源阅读推广也在开展中，但是依旧有很多问题存在，需要逐步提高。

（四）活动周期过长

高校图书馆阅读推广活动中一个非常重要的特征就是阶段性。这项活动一般都会在某个时间段内集中举办，如举办"读书周""读书节"等，其活动开展时间较长，活动周期也就相对较长。

而阅读推广也存在缺点，那就是不连续。高校图书馆的阅读推广活动周期

较长的原因大致有三点：其一，没有进行整体的规划；其二，并没有将阅读推广活动当作基础性工作来看待；其三，专业阅读推广人才缺失。单单凭借几次读书活动的开展是无法培养学生良好阅读习惯的，也无法建设校园阅读文化。所以，高校图书馆应当仔细规划阅读推广活动，努力将短期活动发展为长效机制。

（五）媒介形式单一

如今，信息技术始终处于飞速发展之中，信息更新的速度也逐渐加快。在这一背景之下，传统互联网已经逐渐进入互联网4.0时代，并且随之升级的还有高校图书馆的推广手段。但仍然需要我们注意的是，在图书馆中将新技术运用在阅读推广活动中的毕竟只占少数，很多高校图书馆依然被拘束在展览、讲座等传统方式之中，阅读推广的媒介仍呈现单一状态。

（六）对阅读推广重视程度不足

在阅读推广工作中，有些高校建立了阅读推广委员会。但大多数高校未建立阅读推广的长效机制，尚处于摸索实践阶段，未做到统筹安排阅读指导、推广与服务活动，在活动资金、活动组织、人员调配方面也无法提供持续、有力的保障。这导致图书馆、学生社团及相关部门都是各自进行策划和组织活动，不利于整合学校的优势资源。

二、高校图书馆阅读推广的对策

（一）健全组织机构

高校图书馆要想建立起相对健全的组织机构，主要应该做到以下几点。首先，专人组织的设立。分析大学生的阅读需求与阅读心理，有针对性地开展阅读推广活动；其次，创办大学生阅读社团。为充分调动起大学生的阅读积极性，该社团可以定期开展社团活动；最后，学校可邀请知名学者进行阅读活动推广。学者可以分享自己的阅读经历，推荐阅读内容，使读者受到启发。

（二）开展网络阅读指导工作

在如今这个信息网络技术高速发展的时代，网络阅读已成为传统阅读之外获取信息资源的另外一种阅读方式。这就需要高校图书馆工作者与时俱进，积极开展网络阅读指导工作。但此项工作还处于探索萌芽时期，需要拓展其深度和广度。高校图书馆工作者还可以及时收集、征集本校相关学科的信息、有价值的网址，通过对其进行整理、分析和汇总，向广大师生进行推荐，以拓展阅读视角；另外，还可以加强网上用户服务，开展指导网络阅读的活动。网络期刊有良好的时效性，因此可以对本校专家、学者的教学科研话题进行跟踪记录，并及时汇总研究成果，从而将最新的研究动态发布在网上。同时提供学生与本校专家、教授交流的平台，使专家直面各专业学生，以专带学。

（三）加强图书馆自身建设

图书馆自身建设的加强主要可以从以下几方面进行。

①图书馆应当对阅读推广工作加强重视。想要顺利开展阅读推广工作，就需要图书馆的工作人员对阅读推广活动加强重视。

②图书馆应当对馆藏资源进行扩充，从而保证有效地进行图书馆阅读推广活动。所以，高校图书馆应当结合实际及读者的阅读特点等，构建起完善的文献资源配置体系。

③营造出良好的图书馆环境。高校图书馆应当着重环境建设，要为读者创造良好的图书环境，激起其对阅读的浓厚兴趣，从而进一步在美好舒适的环境中享受阅读带来的快乐。因此，一个拥有和谐、浓厚阅读氛围的高校图书馆，是可以让读者产生阅读兴趣的。

④加强对阅读推广人的培养。对开展阅读推广活动有推动性力量的就是阅读推广人，高校图书馆应按照阅读推广活动所面对的对象对推广人进行培养，并对读者的阅读进行指导，从而提供高质量的服务。

（四）加强对读者的鼓励

在高校图书馆的阅读推广活动中，读者是受众的角色，也就是实施对象。同时，其也能够充分发挥自身能动性，积极地参与到这一活动中来。读者通过在各种阅读推广活动中担任志愿者一职，可利用当前的信息网络环境，将图书阅读推广给越来越多的读者。另外，图书馆还要对用户进行鼓励，提供展示自我的平台，让其自创阅读推广活动，充分提出自己好的想法。

第三节 微阅读时代国内外图书馆阅读推广经验借鉴

一、微阅读时代国外图书馆开展阅读推广的经验借鉴

互联网技术的发展，尤其是智能通信设备的不断发展，让信息与资源的获

取一夜之间变得唾手可得。图书馆的阅读推广有了更好的载体，但同时也意味着更多的变数和未知。国外图书馆的微媒体阅读推广朝着精细化方向发展，无论是高校图书馆还是公共图书馆，都在微博、Facebook等社交软件上进行阅读推广，吸引读者；国内图书馆在汲取相关成功经验的同时，结合本地服务传统和特色，开展新形势下的阅读推广。这些成功案例都值得我们借鉴和学习。

目前国外图书馆，无论是高校图书馆还是公共图书馆，都在利用微媒体进行阅读推广，而且朝着精细化的方向发展。新加坡南洋理工大学图书馆在博客平台上建立了"学科屋"导航系统，整合了多种学科资源，让读者快捷地获取学科信息；此外，南洋理工大学还开展了移动阅读服务，包含数据库检索、电子书阅读及读者反馈服务等。在宣传和推广阅读活动中，南洋理工大学图书馆充分利用Facebook、博客等社交工具，与读者进行良好的互动。截至2012年12月，该大学图书馆的Facebook关注人数已经有上万人，年平均访问量接近10万人次，读者留言数十万条。微平台的开放，让读者能更加便捷地了解图书馆的最新动态信息，满足个性化需求。

西班牙马德里的地铁图书馆，是当地公共交通系统中的一大亮点。据相关统计显示，近36%的马德里人有在搭乘公共交通时阅读的习惯。地铁图书馆的出现，方便了人们利用碎片时间进行阅读。马德里的地铁图书馆开放时间设在13:00～20:00，读者还书大多选择在中午和下班晚高峰。图书馆外墙上安装电子触摸屏和书箱方便读者查询和还书。地铁内充足的WIFI信号源，满足读者通过扫描电子屏上的二维码来阅读相关书籍的摘要和评论。

二、微阅读时代国内图书馆开展阅读推广的经验借鉴

上海公共文化服务体系示范项目"清阅朴读"自2013年创建以来，不断创新深化，其致力推广的微讲座、微阅读、微活动、微管理等"微阅读时代"特色服务，成为其标志性的创新活动。

（一）微平台，大推广

"清阅朴读"为迎合"微阅读时代"环境，推进"三微一刊"创新发展，形成了以微博、微信为窗口，以微论坛为延伸，集数字图书馆、传统图书馆服务及读者参考咨询等为一体的阅读新媒介体系。并且在2014年，"清阅朴读"项目还组建成立了青浦阅读推广联盟，进一步拓展了社会化阅读推广平台。该项目的微博粉丝关注人数已经近1.4万人，发布微博6000余条，受到了大众的广泛认同和积极参与。

第九章 微阅读时代高校图书馆服务创新与阅读推广策略

（二）微活动，多参与

随着读者文化素质的普遍提高，个性化的精品"微活动"更能吸引读者的共同参与。"清阅朴读"项目的"家庭图书馆种子计划"，让青年馆员主动走进小读者家庭，共同打造孩子们的小小图书馆；在中小学发放"阅读礼袋"；在2014年更是创新性地推出了"同城一本书""万家点书"两项阅读推广活动，把购书主动权交给市民读者。

（三）微服务，重于民

无论多好的平台或活动，如果没有无微不至的服务，一切都只能流于表面。"清阅朴读"项目结合区级图书馆、街道图书馆、农家书屋等多级服务机构，推动社区阅读、企业阅读、校园阅读等相互融合。有针对少年读者的"彩虹桥"读书月；针对老年读者的书画、故事会活动；针对外来务工人员的送讲座、送图书、送培训的"三送服务"。这些针对性极强的个性化服务项目，为不同的受众群体带来了良好的阅读体验。

三、微阅读时代国外高校图书馆阅读推广案例

（一）格拉斯哥大学图书馆的数字阅读推广服务

格拉斯哥大学图书馆是欧洲历史最悠久、规模最大的大学图书馆之一，拥有超过250万册的纸质书刊和300多个数据库，除了为本校师生服务外，同时为全英高校联盟体的读者服务。并且在全英学生年度满意度调查中，于2013年和2014年均获得了92%的高满意度支持率。可以说，不仅是因为图书馆拥有丰富的资源，同时也因为能够适时对图书馆营销策略进行创新，并在传统阅读推广模式的基础上融入网络推介元素，造就了格大图书馆今天的成绩。

1. 社交媒介的大量运用

格大图书馆是英国最早运用社交媒介的大学图书馆之一，2009年便将社交媒介引入图书馆的阅读和资源推广、发展以及文献传递中，到今天，已有大量的社交媒介被运用进来。图书馆抓住这些社交媒介各自不同的功能特点，有针对性地开展图书馆营销活动，并设立专门的团队负责策划与管理，在技术上利用社交网络管理软件进行管理和监控。

（1）利用 Facebook 和 Twitter 传播服务资讯

在图书馆启用的所有社交媒介中，利用最好、最引人关注的当属 Facebook 和 Twitter。通过利用其受众面广和交流快捷等特点，图书馆会将主体内容放在

宣传服务和新闻资讯的发布上。但不局限于图书馆信息，同时还会涉及跟学生的生活、学习相关的学校、校外合作以及城市的资讯与百科知识等，学生想要看到的都能在第一时间获取；形式上包含图片、文字、视频和上传链接等。

另外，馆员在Facebook和Twitter上还可以将读者对图书馆资源使用、服务的满意度等信息进行搜集，并通过创建在线社区来回答和回复读者的相关咨询和意见。同时也方便了馆员与读者或读者与读者间的交流，学生对此感到十分赞同。

（2）利用博客推介馆藏资源

作为英国的老牌名校，格拉斯哥大学的馆藏资源中有大量丰富的研究性珍贵文献，如本校历年的档案资料、苏格兰政府出版物、苏格兰地方史料和企业档案资料等，特别是15、16世纪的珍藏资料都非常丰富，且都是向社会开放的。为了使读者对这些珍贵的文献进行了解和阅读，其不仅会正常让OPAC（联机公共查询目录）查询检索编目，或通过Facebook、Twitter进行宣传推送，图书馆还专门开设博客空间来推介馆藏，分为图书馆、档案和特藏三个板块。而相关部门的馆员会负责定期、不定期地推送阅读文献给读者，同时也会撰写博文。比如，他们会主动挖掘一些珍藏文献推送给读者，并对读者进行引导，让他们阅读、鉴赏与分享等。另外，还会对图书馆进行跟踪，关注其负责的文献专题类研究项目的研究进展，并及时发送推文，吸引读者的注意力。

2. 合作开发Librarytree数字阅读平台

在数字阅读时代，国外图书馆同样存在读者借阅人次下降现象，格大图书馆也不例外。为了吸引读者重新回到图书馆、更多地利用图书馆资源，各图书馆都在想方设法从物理空间到虚拟空间创新服务模式，为读者提供全方位的体验和服务。基于这一背景"Librarytree"项目应运而生，这是格大图书馆和曼彻斯特大学图书馆与第三方软件公司合作开发的一个数字阅读平台，两所大学提需求、提创意，软件公司负责技术上的支持。

该平台抓住学生喜欢挑战、乐于参与的心理，将游戏奖励元素融入图书馆数字阅读活动中，类似一个图书馆游戏。首先，图书馆在平台上按专题、按学科、按作者构建一系列的徽章，每一个徽章下配置有数目不等的推荐阅读文献，包括名家经典、学科经典、教师推荐阅读的教学参考书籍以及热门借阅、借阅排行榜书籍等。该系统利用应用程序接口连接到图书馆管理系统，抓取后台流通数据、馆藏数据；读者通过账号登录后，可以查询自己在图书馆的借阅信息，可以在平台上虚拟借阅电子图书，借阅次数越多，积分越高。当读者阅读完某一徽章下罗列的所有文献后即可获得该枚徽章；徽章积累越多，用户等级越高，"图书馆树"长得越茂盛，最后有可能得到图书馆设立的一笔奖金或奖品。系统根据读者参与情况，实时进行个人以及学院的积分排行，自动评选出每周阅读英雄榜。在阅读过程中，读者可以发表评论，并可分享到朋友圈。通过阅读争取积分、见证"图书馆树"茂盛的过程充满了挑战和趣味性。

2014年9月该平台正式推出使用，面向全校读者开放，新生周期间还特别向一年级本科新生着重宣传，并制成了APP应用程序在线发布。对于其使用效果是否会对读者阅读行为产生较大影响，格大图书馆做好了跟踪监控和评估的准备，从9月新生周活动的反馈情况来看，问询的读者很多。

（二）格拉斯哥大学图书馆数字阅读推广服务带来的启示

阅读推广从线下走上云端，无疑是面对今天这个传媒多元化、阅读多元化时代的最新选择。国内高校图书馆已经感知到这一趋势并已关注到读者数字阅读的体验。但就目前发展状况而言，国内部分调查结果显示，大学生对图书馆阅读推广服务的满意度偏低，认为数字阅读推广水平还不高。格大图书馆的经验或许能为我们提供一些启示。

1. 制定数字阅读推广发展规划，使阅读推广常态化

数字网络的虚拟性在给人们带来极大便利性与快捷性的同时，自然也会有很多风险，其中包含运行管理保障、公共信息安全、知识产权危机、读者的隐私及违反道德、法律的信息传播等问题，这些都是阻碍高校图书馆阅读推广发展的原因。国内的很多高校都由于对此担心而不愿意使用，但是，数字阅读实际上已经成了一种难以抵挡的阅读常态。而解决这一问题的根本途径就是对图书馆数字阅读推广服务的发展规划进行制定，同时还要建立起一套科学完整的数字阅读推广风险预警机制。

从发展规划来说，要明确规定服务的目的、背景、内容、数据抓取、实施流程和相关培训等；在管理上还要成立专门的团队，在技术上利用相关社交网络管理软件加强监管。也只有这样，数字阅读推广服务才会变成一种常态化的工作长久开展下去。

2. 丰富阅读推广内容，提高读者的参与度

数字阅读环境下，读者阅读内容涉猎广泛，图书馆数字阅读推送的内容除了图书馆新闻讲座与培训、资源分享、服务资讯等一些彰显图书馆资源优势和服务意识的信息外，还可以增加如城市天气、校园文化活动、安全警示、休闲

娱乐、生活百科等与学生息息相关且能正向引导的阅读点，既能体现图书馆的人文关怀，又能丰富数字阅读内容，更能吸引读者关注。

3. 拓展数字阅读推广的形式，打造数字阅读立体化推广模式

大量新技术应用之后，图书馆应关注读者阅读行为、阅读方式上的变化，除原有的传统阅读推广模式外，还应加强对社交媒介的运用，根据读者群的特点，利用国内众多不同社交媒介的功能优势，建立相应的社交媒介阅读平台。同时，还可以深入学校教学管理系统中，或借助官方微博、微信平台，在物理与虚拟两方面对读者进行引导，以打造立体化推广模式。并提高读者参与度，提升图书馆甚至是学校的美誉度与知名度。

4. 挖掘并有效整合馆藏资源，实现资源的聚合推送

优质的馆藏资源如果没有很好的营销方式，没有得到很好的推广，它可能永远都在那里，不能很好地发挥其作用。所以，除了推送资讯以及快餐阅读信息外，图书馆必须要注重馆藏资源的聚合推送，将各类型资源分类、标引，按主题搜集、转化、标记、索引、存储、检索。基于馆藏发现主题、挖掘经典，利用数字阅读平台，通过多种形式的聚合推送，可实现馆藏资源的增值与进一步优化配置。

四、微阅读时代国内高校图书馆阅读推广案例

（一）清华大学图书馆

清华大学图书馆于 2013 年在微博上发起了"微·月读"的活动，该年的每个月都将公布一个主题，呼吁网友按照该主题内容提出自己想到的一部电影、一首歌或是一本书。这一创意与图书馆界和阅读界十分流行的一个活动类似，即"共读一本书"。而置身网络中，就是将"书"换成微博术语"话题"，但不会仅限于"书"，并且让喜欢电影、音乐和图书的网友都参与其中，用这种方式来号召网友进行相互交流。

例如，2013 年 4 月，清华大学图书馆发布了以"春天"为主题的"微·月读"，网友"sansmoi"在此条微博下回复："第一时间想到的是《论语》里的'莫春者，春服既成，冠者五六人，童子六七人，浴乎沂，风乎舞雩，咏而归'。"网友"慎言的新起点"回复："《边城》，爱情发生在春季，豆绿色的江面小楼上，傩送遇到了翠翠。读完后也像是闲暇春日常有的感觉，和缓与安静。"

微博的最大特点即信息传播的快速性，通过社交网络平台，这两位网友所

提到的《论语》和《边城》，或许会激起更多网友重读这些书的欲望，这便是阅读推广的效益。

（二）武汉大学图书馆

武汉大学图书馆在毕业季评选"十大借阅之星"，在微博上发布获奖读者的基本信息及获奖感言，并且还有各自的一系列推荐书目。

例如，依照 2018 年全校本科生个人借阅量数据，2018 年全校借阅图书量最高的前十名本科生当选"2019 年十大借阅之星"。关于阅读，这些同学都有着不同的见解。其中，丁苏晨认为："阅读可能是孤独的你与世界尽头遥远国度陌生人群的对话，也可能是矛盾的你对内心深处蠢蠢欲动的自我的审视，这个过程本身就新奇、有趣、充满所有让人感动的元素。在阅读中，我们既会为丰盈的情感所感动，也会被严谨的逻辑而震撼。阅读就像是生命本身，充满未知和惊喜。"

顾思程同学同样有自己的心得："如宋人诗中'世间万事俱陈迹，空倚西风阅古今'，阅读之于我的意义不在于泯灭今古之界限，网罗重门深锁、渐行渐远之旧事，而是以欣赏的目光凝望古迹如何一步步镌刻下后人的想象、幻觉与记忆，检视历史与当下意味深长的多重张力。"

这一活动是毕业生在校期间利用图书馆学习成才的现身说法，他们的推荐书目实则是利用自身阅读经验对在校学生进行的一次阅读推广。此外，武汉大学图书馆还在微博上发起"珞珈阅读广场""馆藏推介""馆史撷珍"的话题，时时传递阅读心语，推介优秀图书。以上种种，都营造了社交网络平台的书香氛围，向读者传递阅读的正能量。

（三）厦门大学图书馆

厦门大学图书馆长期在微博上发布"厦大新书通报"的信息，遴选优秀图书，推介各类型、各学科的图书，并且附有图书馆对该书的编目和馆藏信息，这一活动截止于 2017 年。

例如，2017 年 4 月 7 日，厦门大学图书馆发布的微博中推荐了《语言本能：人类语言进化的奥秘》，并进行了说明："这是一本精彩、幽默、无可挑剔的好书。作者史蒂芬·平克用他十分深厚的语言学、认知神经学和进化心理学功底，成功地证明了一个事实，那就是语言能力是人类的本能。他的论证条理清晰，生动有趣又不失专业性，他的结论为人们探索人性打下了坚实基础。"

同年 5 月 16 日，该图书馆微博推荐了《焚毁书籍：电子书革命和阅读的未来》，推荐理由为："这是一本有关阅读的未来的书，作者为我们描绘了数字阅读革命如何改变了我们创造、探索与分享想法的方式。从硅谷到东亚，默克斯基探索了电子阅读的前世今生，并预言，创新的、交互式的电子内容将改变我们的生活。让我们一起进入阅读2.0的新世界。"

书目推介是最易于实施的阅读推广活动之一，也是很多高校图书馆在社交网络都开展的栏目之一。但是，要达到理想的阅读推广目的，各馆必须谨慎地遴选图书，认真地撰写提要，适当地进行宣传。

（四）西安交通大学图书馆

西安交通大学的移动图书馆正式开通于2011年7月，交大的用户可以通过各类手持移动设备登录图书馆网页，便可随时浏览、查询与获取图书馆的信息和资源。其中包含图书馆最新消息、在线查阅各种资源信息、个人借阅信息查询和短信提醒等。

移动图书馆就是借助网络平台以及手机、移动阅读器等新媒介，无线下载图书馆的文献和信息资源，实现移动在线阅读和交流等功能。

在以手机为主的移动设备非常普及的今天，推出移动图书馆服务具有必要性与可行性。

首先，随着国民文化知识水平和文明素质的提高，其阅读需求也在逐渐提升。娱乐消遣性、功利追求型等浅阅读充斥网络媒体，图书馆阅读作为人类文化知识传播的重要途径，要占领国民知识阅读的阵地，引导国民在新媒体环境中，走向提升文化知识和精神品质的深阅读。移动图书馆就是要在时尚文化消费中占领一席之地，就是为了在当今的大众化阅读方式中不缺席。这些说明了移动图书馆的推广是非常有必要的。

其次，手机的普及让大众移动阅读成为可能，而其他高端移动新媒体的增多更扩大了移动阅读的群体。相比其他机构的阅读推广，移动图书馆更具有知识性、公益性和无偿性。提供更有深度和准确性的知识，开展科学的专业性知识服务，由国家全资支持，不需要向受众收取任何费用。这些优势说明，移动图书馆是非常可行的。

1. 内容与主体

（1）移动联机公共查询目录

读者可以在手机上访问馆藏联机公共查询目录系统，并进行基本的字段检索。并且，读者所需要的书目信息可发送到手机上，以便读者能进馆找书；读者登录移动图书馆可以查询借阅信息，办理图书续借等业务。

(2) 短信服务

读者获取书目信息可以在手机短信中查看。读者可对预约到书提醒、订阅催还提醒、图书馆最新消息和资源动态等服务自由选择订阅。

(3) WAP 服务

移动图书馆 WAP 网站能基本实现图书馆移动门户的相关功能。统一检索平台所提供的电子期刊、馆藏目录、会议论文、学位论文和电子书等资源的一站式检索,实现了文摘或全文的手机阅读。

(4) 读者互动

读者在移动图书馆平台中可阅读电子刊和电子书,可做批注、写书评、记笔记、发微博等,这些全新的读者互动体验能够使读者随时表达和分享自身的学习心得与阅读感受。

西安交通大学移动图书馆已基本开放了上述功能,具体的服务内容包括:个人借阅信息查询、在线各种资源信息查阅、全文阅读、图书馆最新消息和短信提醒(包括图书到期催还、讲座通知等)。这就涵盖了图书馆图书文献服务、信息咨询服务和读者教育等内容。

西安交大移动图书馆的主体仍然是读者和馆员。但在具体服务过程中,读者主要通过移动阅读器登录图书馆网站,获得需要的信息和文献,提出咨询的问题;图书馆馆员退居"幕后",通过文献传递、跟帖回复、服务推送等方式与读者交流。所以,在移动图书馆服务中,读者的主体地位尤其鲜明,图书馆服务对象的主体身份感也非常突出。虽然有些时候,图书馆馆员也通过QQ在线、视频聊天等方式与读者直接沟通,但这种形式并不是经常性的,也不能保证实时性。

2. 运作与效果

西安交大移动图书馆的运行主要包括平台建设、用户建设和移动服务三个重要环节。

平台建设就是网站建设。要建立与用户手机、手持 iPad、pad、PSP 等媒介连接的无线网络传输技术,要建立图书馆网站平台及相应文献信息资源库,建立及时更新和在线服务机制。平台建设是移动图书馆服务的基础,是移动图书馆正常运行的保障。

用户建设就是建立用户群。通过用户注册认证,建立网络平台与用户移动阅读器之间的传输通道;还要通过多种形式的宣传培训,让用户了解并熟练运用移动图书馆,达到畅通阅读的效果。

移动服务就是文献信息的跟踪服务。图书馆要通过馆员的后台工作，保证平台运行和网络的通畅，保证读者顺利获得最需要的文献和信息，及时解答读者在移动图书馆使用中提出的问题，排除技术故障。还要开展其他相关的图书馆服务和图书馆教育工作。

经过认真组织和精心运作，西安交大移动图书馆反响良好，"方便在手机上阅读电子书""可以有效利用平时的片段时间进行阅读"的评价证明了移动图书馆的功能得到良好发挥，也达到了阅读推广的最终目的。

3. 媒介与方式

西安交大移动图书馆主要利用图书馆网站，通过无线互联网络与读者手机、手持iPad、PAD、PSP等媒介连接，来实现移动阅读及相关服务。

手机是当前最大众化的移动通信设备，除了语音通话和图文信息传递功能外，还支持QQ、飞信、微博、邮箱、视频等在线服务，以及文字和图片无线下载和阅读功能，这就能充分保证移动数字图书馆服务的技术要求。

iPad、PAD、PSP是非常流行的高端移动媒介。iPad是苹果公司在2010年发布的一款平板电脑，定位是介于iPhone和笔记本电脑产品之间的媒介，通体只有四个按键，有浏览互联网页、观看电子书、播放音频或视频等功能；而PAD则是Painting、Album、Diary三个英文单词的缩写，分别为用户提供的三个主要服务功能，即闪亮日记、动感相册和涂鸦本的功能标记，PAD在以上三项功能的基础之上，构建用户朋友圈和消息系统，使PAD成为新一代个人门户基地；PSP是Play Station Portable的简称，是日本SONY公司开发的多功能掌机，具有游戏、音乐、视频等多项功能。西安交大图书馆充分利用上述新媒介的无线上网、高速下载与上传、互动、分享等功能，开展移动图书馆服务。

4. 创新之处

移动图书馆本身就是对图书馆阅读的创新，是全媒体环境下阅读推广工作的进步和发展。西安交大移动图书馆还将移动阅读服务与到馆借阅服务相联系，开展了个人借阅信息查询、到期催还、讲座通知等服务。这样不仅让移动阅读成为读者的"新宠"，也让读者不放弃到馆借阅这一"旧欢"。在全媒体服务时代，最令人担忧也容易产生的现象就是"喜新厌旧"。其实，传统的阅读方式仍是大多数人的选择，因为其特有的作用和价值，是新媒体阅读所不能取代的。西安交大图书馆仍然坚守着这条基本的底线，让移动阅读与到馆借阅并行不悖。

第四节 微阅读时代高校图书馆阅读推广的服务模式

一、做好微推荐，活跃图书馆的"朋友圈"

所谓的微推荐，就是利用微信、微博或 QQ 空间等平台，将图书馆的相关服务内容、服务方式、活动通知和报道等，通过文字和图片等形式，在线推送给读者。以往图书馆的相关服务内容都是通过网站报道、馆体宣传等形式进行传播的，受众面有一定局限。而微信、微博、QQ 等通信软件，是大学生最为常用的必备工具。通过对图书馆微信、微博平台或 QQ 空间的特色打理，向已经关注图书馆账号的读者及时推送相关信息。同时，读者可以在相关内容下留言或评论，及时向图书馆反映相关的阅读体验，让图书馆能准确掌握读者的阅读满意度。微推荐能进一步强化自然科学类图书和专业类图书的推广。相比社会科学类图书，自然科学类图书和专业类图书比较枯燥，学生不愿意在课下花时间阅读此类图书，因此造成了目前的"浅阅读""偏阅读"现象。

图书馆可以通过文字、视频、图片、专家导读、读者感言、内容截取等形式，全方位包装这类图书来吸引读者的关注。微推荐需要将常规推荐和特色推荐相结合。常规推荐包括"好书推荐""新书推荐"等，此外还可以结合学校活动、社会热点和图书馆特色开展丰富的推荐活动。比如，结合平安校园活动的开展，推荐有关校园安全的书籍，科普相关安全防范意识；结合学院某学科技能比赛，提前推荐相关专业书籍，在线提供专业教师的经验传授；结合每年校园招聘会的信息，给学生推荐相关职业技能素养培养的书籍。微推荐与信息参考咨询相结合，可完善推荐服务体系。图书馆服务重视的是"人"的作用，微推荐要想更长久、高效地运作下去，必须在人工客服（参考咨询）服务方面不断完善。高校图书馆需派专门的微平台维护人员进行日常后台管理，同时，聘请学校各学院专家、资深教授等，作为微推荐专员向读者推荐优秀图书，解决读者在阅读过程中碰到的疑惑。

二、制作微视频，营造不一般的阅读体验

与网络上的微视频不同，高校图书馆的微视频主要围绕着图书馆展开，或是对微阅读有一定宣传作用的微视频。微视频选材自由，只要与图书馆或阅读行为有关的、能反映图书馆现状和大学生面貌即可；亲近感强，主要创作人员和演出人员由大学生自己负责，在读者群宣传推广中具有强烈的角色代入感；

高校图书馆服务与阅读推广研究

设备投入零门槛，只要有具备拍摄功能的手机，随时随地都能拍摄一段自导自演的微视频。微视频作为动态宣传工具，在阅读推广过程中具有独到的优势。

在西北工业大学图书馆举办的"知识视界"首届微视频征集大赛中，参赛者向全校师生展示了一颗永远都在探索世界、研究科学的好奇心；万方数据库启动的首届"我眼中的图书馆"微视频大赛中，呈现出图书馆爱情故事、图书馆宣传之歌、图书馆公益视频等多部素材作品，微视频作为新时代背景下的一种崭新科教类视频得到了专家们的肯定。而最为有名的北京大学图书馆110周年纪念微电影《天堂图书馆》，北大图书馆厚重的人文精神在温情的故事中得到了体现。

微视频作为新的阅读载体，通过丰富多彩的影像画面，生动地传递着制作者的情感。将微视频与经典阅读相结合，在短暂的时间里勾起观者对作品的兴趣，通过不断的转发、分享等裂变式效应，达到阅读推广目的。微视频带来的视觉冲击，是文字描述所不能企及的。肢体语言有时比纯文字表达更能打动读者心灵。因此，合理利用好微视频，发挥它在宣传推广中的蝴蝶效应，是高校图书馆微阅读领域今后发展的一个重要方向。

三、飞扬的微书评，让每个思维都跳动起来

微书评也称为"一句话书评"，由于其短小精悍、自由发挥度高，受到读者的热捧，有些人甚至表示"我是来看书评的"。微阅读与微书评的结合，使得阅读行为跳出了个人阅读的束缚，开阔了读者的阅读视野，在互联网时代拉近了读者与作者之间的距离，增加了阅读的乐趣。微书评中加入了读者的个人阅读感受与体验，各种思维价值碰撞令阅读层次丰富，能让不同读者在阅读过程中多角度地学习和借鉴。这也是阅读推广中重要的个性化元素。

微书评对经典深阅读有极大的推动作用。经典著作篇幅长，有些语言文字生涩难懂。通过阅读微书评，可以帮助大学生读者快速了解其精华所在，也能迅速接受与消化。所以，对于学习和生活节奏较快，没有太多时间去阅读鸿篇巨制的大学生而言，通过微书评可以了解其主要内容和关键信息，激发其对经典名著的阅读欲望，对于弘扬优秀文化、提高人文素养、潜移默化地影响他们的思维方式和行为方式有极大的帮助。

微书评在高校的应用模式，大致可以分为两类。一种是高校图书馆与校内其他相关部门和组织共同开展的一种阅读推广形式，利用微信平台将图书馆推荐图书推送给各学院老师，再由各位老师根据所负责学生群体的特点，有针对

性地挑选书目给学生读者,学生读者将阅读心得上传至微平台分享;另一种是通过举办微书评大赛来进行阅读推广。微书评大赛通过对特定书籍或特定主题的阅读分享,培养大学生读者的良好阅读习惯,同时在读者圈中产生口碑式宣传效果。

此外,还可以在图书馆内 OPAC 检索系统中嵌入读者对图书的评论。网络书评的写作较为自由,短则几十字,长则千百字。现在很多图书馆的编目数据中都可直接读到豆瓣网对该书的简介。同样的原理,若图书馆能够在这一系统中提供一个书评撰写的平台,那么读者在对某本书进行检索时,就能够直接看见馆内读者对于这本书的评论。对高校图书馆来说,其读者基本处于同一个学识层次,往往结合自己的学习和生活经验进行评论,更具有推介性。再者,此种做法实则是将社交网络应用到图书馆的 OPAC 系统中,当读者借阅某本书时,如果看到了能引起其共鸣的书评,可相互再进行深入交流,这也是借助网络建设校园文化的一种良好模式。

四、微阅读 + 经典阅读,创造阅读新高度

微阅读时代一切讲究快节奏,大学生之所以热衷于微阅读,是因为省时、省钱,只通过各类移动智能终端,就能传递信息。"快餐式"阅读、"碎片化"学习的背后,是现代人对快节奏生活中阅读成本的一种折中取舍。从相关的调研问卷数据中我们看到,阅读耗费时间和精力过多,成为很多人阅读少的主要原因。经典名著是历史大浪淘沙的结果,这是一个去伪存真的过程。

经典名著是人类智慧的结晶,对经典作品的重新解读能启发大学生的思辨能力,拓展人文思维的深度和广度。经典阅读符合读书经济学中的以简驭繁思想,如果广大高校能够担当起责任,"采取多种应对措施对当代大学生的微阅读进行引导,强化经典阅读",那么在一定程度上能促使他们全面发展、健康成长。

微阅读信息资源广泛,阅读成本低;而经典阅读具有历史沉淀的厚度与深度。很多大学生面对阅读呈现出不同程度的矛盾心理:既抵抗不了手机、电子产品的诱惑,花费太多时间在效率低的"刷屏"中;同时又意识到浪费时间,有意识地约束自我,回归学术阅读和经典阅读。究其原因,还是大部分学生没有养成良好的阅读习惯,过度依赖数字化载体。品读经典需要静下心来,而社会上功利氛围浓重,学业、就业等多重压力造成大学生沉迷于浅阅读之中。当然,经典阅读的表现形式也存在一定问题,往往以古板厚重的形象出现在学生面前,

令其望而却步。

因此，图书馆应充分利用微平台的多媒体环境，为经典阅读创造新的发展契机。之前，有图书馆把蔡志忠的《庄子说》《老子说》《史记》等中国经典古籍漫画放在微平台上进行宣传，弘扬国学经典。同时，聘请专家对相关国学内容进行深度解读，并为大学生列出相关延伸阅读书单。借用漫画这种大学生喜闻乐见的形式进行经典品读，的确是一个创新之举。更有学者提出在微阅读中使用连载的形式，对经典名著进行分段展示。更有甚者，在微平台上加入评书、说书形式，对经典进行音频、视频的包装，以激发大学生的阅读兴趣。这些都值得我们进行进一步的研究和探讨。

五、通过门户网站开展阅读推广的新模式

图书馆门户网站的功能是多方面的，但其首先是阅读推广的主要阵地。利用图书馆网站开展阅读推广主要有四种模式。

（一）基本展示

就是把图书馆的结构功能、馆藏特点以及管理制度直观地展现出来。尤其是把重要的和重点的资源，用目录索引、内容摘要、图片呈现等形式展示出来。基本展示虽然客观，却是读者最希望了解的。展示得越全面充分，读者了解程度越高，可选择的余地也就越大。这样才能最大限度吸引读者，最大程度赢得读者。

（二）搜索链接

图书馆门户网站并不是一个孤立体，它与同行业、同类别网站保持着合作关系。读者在本馆不能借阅的文献或者不能解决的问题，图书馆网站可以通过资源共享方式，让读者实现一站式检索。通过网页链接和资源共享平台，满足读者更多的需求。

（三）推介服务

这是阅读推广工作中重点推出的有意义的活动。或者是对图书馆服务功能的拓展，有利于构建学习型社会；或者是对特色文献的推介，意在推动知识普及和文化传承；等等。推介服务是图书馆在深入研究社会发展和读者需求的基础之上，努力实现两者的有机结合所做的努力。

（四）互动共享

个体阅读的收获是丰富而多样的，只有实现了交流和分享，阅读活动才最有意义。图书馆网站可以实现互动共享。在阅读过程中，网站可以开设专栏，让读者就一本书发表阅读感受、提出各种问题，引发广大读者讨论。同时，把个体阅读的成功收获与大家分享，促进阅读群体的共同进步和发展。

六、开通图书馆微博

图书馆微博就是利用图书馆网站或者新浪等公共网站建立图书馆读者交流空间。主要是对图书馆工作进行评价和反馈，侧重于图书阅读心得交流。国家图书馆、杭州图书馆等公共图书馆，以及很多高校，如重庆大学、清华大学等高校的图书馆也都开通了微博。同时，不少图书馆的馆长们也加入了使用微博的行列。

因为图书馆微博有开放性和大众化的特点，读者能够相对自由地发表观点和意见，这已成为图书馆开展阅读推广的一个良好平台。图书馆馆员可以博主的身份发布图书阅读征集帖，让广大读者积极参与讨论，也可以普通博友的身份参与交流。图书馆微博易于引起关注，易于形成博群，吸引更多的人选择阅读、加入讨论。

七、创办电子期刊

高校图书馆有办报办刊的传统，纸质的校园报刊曾在图书馆阅读推广中发挥重要作用。随着信息技术的发展，图书馆纸质期刊已逐渐失去了它的优势，于是电子期刊应运而生。图书馆期刊一般都以阅读推广为目的，其内容和编制流程都紧密围绕让学生多读书、读好书的宗旨。相比较纸质期刊，电子期刊成本低、易发行、便捷快速，最受图书馆阅读推广组织的欢迎，也深受广大学生的欢迎。

（一）电子期刊的作用

1. 搭建交流平台

电子期刊主要是为作者和学生搭建交流平台。通过馆员的编辑工作，为学生喜爱的图书开辟专栏，选登精彩片段或链接全文，让作者介绍创作经历，让学生畅谈阅读感想。

2. 引导阅读方向

相较于网站的广泛宣传、互动平台的自由交流，电子期刊在编辑的组织下呈现出主题的统一性、内容的整合性、表达的集中性和语言的规范性等特点。尤其是在思想启发和方法引导上，具有正确性和科学性。因此，电子期刊可引导学生选择正确的阅读方向、科学的阅读方法。

3. 提高阅读质量

有了正确的思想与情感定位，有了科学而严谨的方法，学生的自由阅读也能有质量保证。电子期刊引导的阅读，有大众化"浅"阅读，更多的是专业性、艺术性的"深"阅读。尤其是后者，对提高国民的阅读水平和品位具有重大意义。

4. 扩大阅读群体

图书馆电子期刊是便捷的，每一个网民都可以无偿（非付费）获得资源。对于学生而言，通过电子期刊了解更多所读图书的内容，能够增加阅读兴趣，也扩充了阅读内容。这样能吸引更多的学生参与阅读和讨论交流，阅读的群体效应自然形成并逐渐放大。

（二）电子期刊的类别

1. 综合型

就是针对馆内各种类别的图书所做的重点推介和交流。通常是分类开设栏目，体现类别选择。这种类型的电子期刊受众面比较广，但难以深入表现某个专题内容。

2. 专题型

如文学类、音乐类、计算机类等。这类电子期刊有类别限定，受众面相对较窄；但对专业图书的介绍比较深入，内容也拓展得非常深，有利于进行专业学习和研究。

3. 创新型

就是运用新媒体技术，把推介的图书立体地跨媒体地呈现给学生。比如，学生在图书馆借阅了某一本文学作品，电子期刊可以链接根据这部作品改编的连环画、电视连续剧的有关介绍和剧评，还可以链接作品原型及其故事、作者的创作经历视频等。就是由一部作品深入拓展延伸，实现当下与曾经、真实与虚拟的高度、全面融合。

（三）电子期刊的内容

1. 图书评介

这是电子期刊的主要内容，也是为了引导学生多读书、读好书。所评的图书是图书馆馆藏的、有一定社会影响力、主题鲜明和内容丰富的图书。

2. 延伸链接

对所评介图书的相关情况进行追溯或延伸介绍，目的是提高学生阅读兴趣、扩大阅读知识面，也为了服务于学生的深度阅读。

3. 读友微博

鼓励学生发表对这本书的阅读感受和评介，特别重视一些个性化的、新颖而又有创意的意见，引发学生讨论，引导阅读走向深入。同时，也为作者再创作提供参考。

第五节　微阅读时代高校图书馆引导学生阅读行为的策略

一、以电子时代阅读环境的营造来激发学生的阅读兴趣

高校学生思维活跃，对于新阅读模式勇于尝试。但自我阅读习惯和阅读方法不足，阅读质量不高，需要专业老师的指引和教学。高校图书馆在此时应抓住微阅读时代的契机，在传统阅读推广的基础上，根据时代特点，积极求变，制定对策引导学生的阅读行为。

图书馆自然是学生阅读最集中的地方，加强阅读硬环境建设，阅读环境的规划、馆藏资源的配置比例、咨询馆员的管理与责任等，都应纳入图书馆考虑范围；阅读软环境则是体现微阅读的核心要素。根据微阅读的特点，图书馆应积极营造一种活泼自由、崇尚阅读的氛围。各类有利于阅读行为的活动，如感知经典、专题讲座、学习研讨等，都需要经过慎重考虑后定期、持续地开展。

二、以特色微阅读资源建设来满足高校学生的微阅读需求

微阅读作为一个吸引人眼球的新兴事物，要想持续地发挥其热度，阅读内

容的选择和建设是核心。微阅读的特点是短而精悍，表现形式活泼生动。除了传统的新闻报道、新书推荐、数字资源库链接等内容外，可适当地加入微书评、微视频、微读书会等活动和内容，丰富学生的阅读体验。在内容资源的建设上，图书馆馆员和相关专家、学者要对选择的阅读主题、阅读热点进行适当的筛选，也可以让读者代表参与到微阅读内容的建设过程中，注重本校学生的专业特点和学生需求，打造特色数字化阅读资源库。

三、以微平台来分析学生的阅读行为

面对微阅读中的大量信息，大学生阅读行为在很大程度上具有随机性和盲目性特征，阅读时间零碎化。高校图书馆应根据微平台的大数据监控和分析，基本了解来访读者的阅读热点和阅读喜好，结合馆藏资源、学院教育目的、就业前景方向等潜在信息，做好个性化的微阅读导读和推送工作。例如，通过分析读者的阅读记录、浏览时间长短、书籍归类等信息，在微阅读平台上提供便利的检索或引导页面。此外，针对不同年级的学生进行不同层次的阅读推荐，例如大学新生阅读推荐、毕业生就职阅读推荐；定期开展阅读分享和反馈活动，时时以读者为中心，满足他们的阅读需求，提高他们的阅读技巧和能力。

四、以微阅读来引导学生的阅读行为

微阅读由于其篇幅限制，大多还是以信息资讯类、娱乐轻松类的内容为主，精神快餐难以满足现代社会对高校学生的素质要求。同时，高校学生由于对知识信息的吸收、筛选能力弱，在阅读方向、方法技巧上还需要教师进行引导。因此，高校应建立老师与学生、学生与学生之间的多种双向互动交流机制，老师以自己的微阅读经验来影响学生，学生之间以各自的微阅读分享来感受阅读之美，从而提高阅读效率，提升学生的阅读兴趣，培养学生的良好阅读习惯，重视学生的阅读体验。设立阅读信息联络员，由教师代表和学生代表组成，通过老师带学生、学生接学生的方式，让碎片化学习变得有序可循，引导微阅读走向经典的深阅读。

五、以微阅读平台来加强线上线下的阅读推广活动和培训内容

传统阅读推广活动，如新生入馆教育、世界读书日活动、校读书节活动等，

第九章　微阅读时代高校图书馆服务创新与阅读推广策略

往往在特定的时间进行，在后续宣传、服务上难以做到持续性和长期性。微阅读平台可以有效地弥补这一不足。通过微阅读平台专题建设，对某项线下活动可以进行前期宣传和铺垫、后期跟踪报道和服务，直到这项活动的下一个周期开始。线下活动讲究特定事件的轰动效应，而微阅读线上平台则是细水长流，讲究持续关注。因此，把微阅读纳入图书馆阅读推广行动中来，既是对图书馆阅读活动的有效补充，又能保持图书馆阅读活动的热度和关注度，可谓势在必行。

科技大学出版社，2018.

[14] 杨庆书. 高校图书馆建设与大学生阅读推广 [M]. 北京：光明日报出版社，2015.

[15] 赵颖梅. 阅读推广理论与实践研究 [M]. 成都：西南交通大学出版社，2015.

[16] 陈进. 大学图书馆变革发展思考 [M]. 上海：上海交通大学出版社，2015.

[17] 何秀荣. 高校图书馆创新发展研究 [M]. 北京：中国农业大学出版社，2017.

[18] 林水秀. 高校图书馆资源建设与管理研究 [M]. 长春：吉林大学出版社，2016.

[19] 王美佳. 高校图书馆开展专业阅读推广的模式研究 [J]. 图书馆学研究，2018（18）：63-65.

参考文献

[1] 于亚秀，汪志莉，张毅. 高校图书馆创新服务 [M]. 上海：上海社会科学院出版社，2016.

[2] 陈珊珊. 高校图书馆创新服务实践与指导研究 [M]. 成都：电子科技大学出版社，2018.

[3] 杨启秀. 高校图书馆管理与服务创新研究 [M]. 北京：国家行政学院出版社，2018.

[4] 辛海霞. 大数据时代高校图书馆信息服务创新艺术研究 [M]. 长春：吉林美术出版社，2017.

[5] 王文兵，覃云. 高校图书馆工具书管理与服务研究 [M]. 武汉：湖北科学技术出版社，2013.

[6] 王文杰. 现代高校图书馆服务与管理研究 [M]. 成都：电子科技大学出版社，2018.

[7] 李健. 高校图书馆服务标准体系研究 [M]. 北京：科学出版社，2017.

[8] 王琴. 基于网络环境的高校图书馆服务创新研究 [M]. 北京：中国原子能出版社，2018.

[9] 李立莉. "互联网+"背景下的高校图书馆服务创新研究 [M]. 延吉：延边大学出版社，2018.

[10] 曹意，王娟. 高校图书馆知识服务研究 [M]. 成都：四川大学出版社，2018.

[11] 韩雪冬. 高校图书馆阅读推广与服务机制构建 [M]. 延吉：延边大学出版社，2018.

[12] 李建明. 高校图书馆阅读推广与服务机制构建 [M]. 北京：航空工业出版社，2017.

[13] 李永霞，卢胜利. 高校图书馆建设与校园阅读推广 [M]. 成都：电子